秘伝
BOOKS

戦わずに強くなれる
武道の深い秘密

“型”の深意

「月刊秘伝」編集部◉編

BAB JAPAN

はじめに

武種、流派問わず、古の武術が選んだのは、「型」でした。

これは日本人が様式美志向だという意味ではありません。強くなるための手段として、武術流派は例外なく「型」を選択したのです。

現代の感覚で言えば、自由攻防練習、いわゆるスパーリングのような事をしなければ実戦では通用しない、と考える方も多いことでしょう。しかし、そうではなく、決まった動作を繰り返し行う「型稽古」こそが、強くなるための練習法だったのです。

型稽古は一見、踊りのよう、あるいは見せるためのもののようにも見えます。しかし、現代よりもはるかに、シビアに命がかかっていた時代の事、そんな暇があろうはずがありません。

型稽古は、確かに、命がかかるレベルでの、強くなる最有力手段だったのです。

では、なぜ、今の感覚だと、踊りや見せるためのものにしか映らないのか？　それは、型の本質が見失われかけているからなのかもしれません。本質が失われているのではなく見失われている、つまり、多くの人が知らないもの、となりつつあるのではないかと思うのです。

だからこそ、多くの武術が強くなるために選択した「型」というもののシステムに、正面から迫りました。柔術、柔道、空手、居合……、さまざまな分野、それぞれの視点から、「型」の本質に迫ってみることが、本書の目的です。
読み終えてみれば、なぜ日本人が「型」というものを大切にしてきたのか、その本当の意味がわかるかもしれません。

2023年4月

『月刊秘伝』編集部

※本書は『月刊秘伝』掲載記事を再構成したものです。

※本書のテーマとする〝カタ〟には「型」と「形」の2種類の表記がありますが、各流儀の意向を尊重し、不統一としました。

目次

第3部 居合編

第4部 型総論

第1部

柔術・柔道編

第1章

伝書から紐解く〝やわら〟の術理の世界

稽古会・江東友の会……………斎藤 豊

文◉本誌編集部

1 とにかく柔らかい動き

その映像を初めて見たとき、第一に感じたのが、〝とにかく動きが柔らかい〟というものだった。いわゆる力と力がぶつかる反動で弾かれるような動きのない、何かスーッと抜けていくような独特の見映え。その形が、講道館柔道では「古式之形」として現在も見ることができる〝形《かた》〟だとは、にわかに判別できなかった。それほど、その形演武は従来の古式之形＝起倒流《きとうりゅう》の形のイメージとは、異質な匂いを醸し出していた。

その形を披露しているのが、現在、「稽古会・江東友《こうとうとも》の会」として活動する斎藤豊師であった。

それまで見知っているつもりでいた古式之形＝起倒流の形が、まさに「やわら」と呼びたくなるような、まるで違う雰囲気で行われる。その〝柔らかい動き〟はどこから生まれるのか？　そんな興味から、江東区の体育施設で行われている同会の稽古場へお邪魔した。

2　合気道を経て、甲野善紀師範に学ぶ

高校まで水泳部に所属しており、武道とは縁がなかったという斎藤師が武道を始めたのは大学

斎藤 豊
Saito Yutaka

1970年生まれ、山形県出身。大学進学と共に武道に触れ、やがて養神館に入門し合気道を学ぶ。1993年に甲野善紀師範の武術稽古研究会・松聲館へ入門。2001年より甲野師範の朝日カルチャーセンター講座「古武術からの発想」で助手を務める。2003年の松聲館解散に伴い、2004年より中島章夫氏（半身動作研究会）と共に同講座の講師を引き継ぐ。その後、「稽古会・江東友の会」として、古流武術や合気道の研究を続け、現在に至る。

稽古会・江東友の会（斎藤 豊）
http://www007.upp.so-net.ne.jp/madcap/

進学のためにに上京したのがきっかけだった。最初に触れたのは大学サークルでの剣道。ただ、水泳でヒザを痛めていた斎藤師にとって、剣道の激しい踏み込みは負担が大きかった。そんな時、剣の動きを活かした体術として合気道に興味を持つ。そこで塩田剛三館長率いる、当時の合気道養神館本部道場へ入門した。

合気道を始めてみると、剣道で培われた距離を測る間合感覚が非常に役立つことが実感され、また特に、養神館で整理された基本動作はヒザを柔らかく使うことから、よいリハビリになると感じられた。現在でもその名が知られる達人、塩田館長の最晩年の技を間近で見られたことも大きいだろう。この時期にはジークンドーや古流剣術（直心影流）などもわずかながら経験した。

そうこうするうちに、斎藤師のその後の武道人生を大きく変える出会いが訪れる。

「90年〜91年頃だったと思いますが、書籍などで武術稽古研究会松聲館《しょうせいかん》の甲野善紀先生を知りました。『面白そうだな』と思ってセミナーに参加したのが最初でした」

1993年には正式に入門した斎藤師は、甲野師範が示す術理の妙に魅せられ、深く傾倒していくこととなる。水泳の経験から肩が柔らかく、激しい運動をしてもすぐに心拍数を平常に戻すことができたという斎藤師は、甲野師範にとっても良い稽古相手として、セミナーなどでは度々、相手役に任命されたという。

松聲館時代、甲野師範（右）との稽古に励む斎藤師範（カメラ・テスト用にシャッタースピードを落として撮影したもの）。柔術同様、剣術の研究は現在も続けられている。

「ちょうど僕が入門した頃は、先生が井桁崩しの術理から四方輪へ研究を進めていた時期でした。割と先生の動きにも対応できたので、よく相手役をやらせていただきました。ただ、先生が調子の良い時にはまったく動けませんでしたね」

はじめは養神館合気道と平行して続けていた斎藤師も、就職後、忙しくなってきたこともあり、松聲館一本に絞るようになる。２００１年からは甲野師範が主宰する朝日カルチャーセンターの講座でも助手を務める一方、休日などには当時頻繁に開かれていた振武舘の黒田鉄山師範のセミナーなどに度々参加していた。

２００３年、甲野師範が松聲館の解散を宣言したことから、２００４年より前出の講座の講師を、現・半身動作研究会の中島章夫師範と共に務めるようになり、独自に武術研究を進めて現在に至っている。

3　古流柔術の〝形〟の優秀性

そもそも斎藤師が起倒流の研究に着手したのは、やはり松聲館における同流へのアプローチがきっかけであった。

「松聲館の先輩たちの間で、〝起倒流の形を伝書から起こしてみよう〟という企画が持ち上がり、それへ乗っかる形で取り組み始めたのがきっかけでした」

甲野師範の著作でも、起倒流師範であった加藤右慶など同流における江戸期の達人の逸話がしばしば取り上げられているが、その研究の一環として富山県立図書館に納められている同流の伝書のコピーを手に入れた。その『起倒流柔術捕方之大旨』という伝書は、同流の形の所作について詳細に記録したもので、これをテキストとして、形からその理合を掴むべく、有志による研究が開始された。

「僕がもらったのは先輩の一人が読みやすいように内容をワープロで打ち直してくれたものです。それを元として先輩たちや、現在の会の初期メンバーと一緒に、現実の動きとして起こしたのが現在ここで行っている形なのです」

このようにして始められた起倒流だったが、形の手順を追って身体を動かしていく中で斎藤師は、その形が格闘技や武道として〝実践に即した技を身に付けるためのもの〟とは理解できないと思い始める。

「形を練っていく内に、〝形とはその流儀として自由に動くときの身体の感覚、あるいはその身体そのものを作る〟ものだと考えざるを得ない状態となりました。そう考えた方が、より分かりやすく、自由な動きの中で使いやすいのです。

手順を見る限り、少なくとも現代的な格闘の形式でそのまま使えるものは、形の中にほとんど無いんですね。ただ、それは〝役に立たない〟というわけではなくて、むしろ、そうした動きだからこそ、その分、自分の身体や感覚に集中できるのが古流の形だと思います」

また、〝動きから感情を抜いてゆく〟ことは、形を練習する上で非常に重要だと語る。「それは形稽古ならではの機能なのだとも思います」とも。

この考えは、近頃、新たに稽古で取り組み始めた、天神真楊流柔術においても言えることだという。

「天神真楊流の最初の『手解《てほどき》十二本』に『片胸取《かたむねどり》』という形があるのですが、座して向かい合っ

天神真楊流柔術の探求「形が秘めた力」

片胸捕

天神真楊流柔術で最初に学ぶ「手解」十二本の五本目「片胸捕」。胸を取って手刀を打ち込もうとする受（右）に対して、捕（左）は片手で受けの襟を取りつつ片膝を立てた「平の一文字（下図参照）」となることで、これを止める（上写真1）。このとき、立てた膝を内側へ倒してやる（体の前面の規矩を崩す）と、相手の攻撃は容易に入ってしまうが（上写真2）、しっかり膝を立てれば、受の手刀は届かなくなる（下写真1〜2）。古流の「形」は、カタチをしっかりとることで、相手をコントロールできるように構成されていることが実感される。

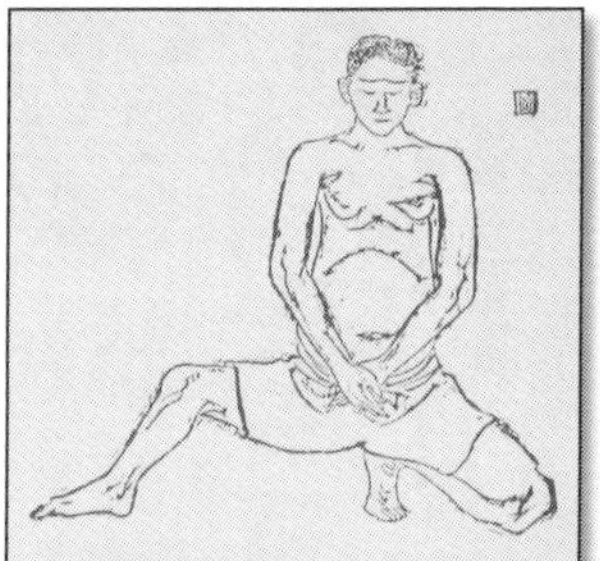

た一方が相手の胸を取るとき、同流でいう『平《ひら》の一文字』の身勢となるのですが、この形《かたち》がキチンととれると相手が打ち込めない状態となるんですね」

試しに斎藤師が横から、後ろに立てた膝を前へ倒したり、元に戻したりすると、その度に相手の攻撃が届いたり届かなかったりしてしまう。

「これは捕の意志とは関係なく起こるんです。ある状況において必要な条件を満たせば、技は掛かる。そこに感情や想いといったものが介在しないのが〝術〟だということです」

こうした単純な事柄を、体験をもって納得させる。それを最も効率よくできるのが、〝形〟という稽古の形式なのではないか？と斎藤師は語る。

4　やってから考える

また、形の動きを考えるとき、〝形の動きをできるだけ素直に、そのままに、とりあえずやってみること〟が大切なのだという。

「僕が天神真楊流のテキストにしているのは、明治期に吉田千春という師範が上梓した『天神真楊流柔術極意教授図解』という書籍の復刻本なのですが、例えば、『手解』の解説の中に〝指ヲ

天神真楊流柔術の探求「形が秘めた力」

鬼拳

吉田千春著『天神真楊流柔術極意教授図解』における手解一本目「鬼拳」の図（下）。妙にリアルな手形のとおりに腕を抜くと、簡単に把握を外すことができる（上写真1～2）。実際、単に手首をこねようとする場合（写真A）とは、肘の張り具合に明らかな違いが感じられる（写真B）。

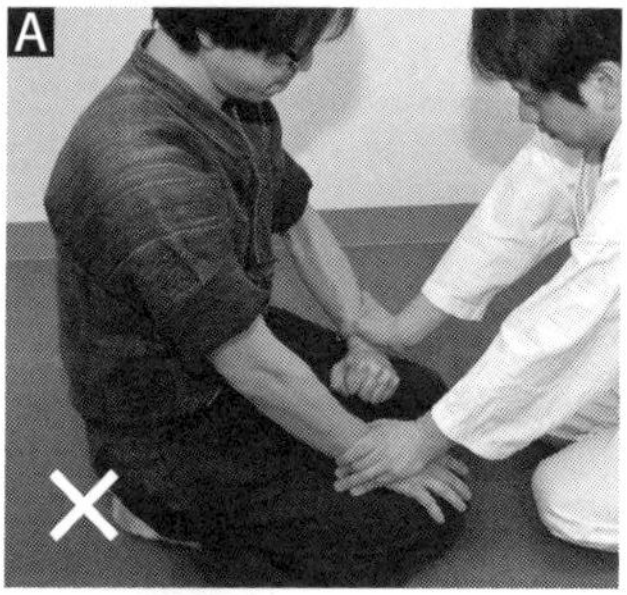

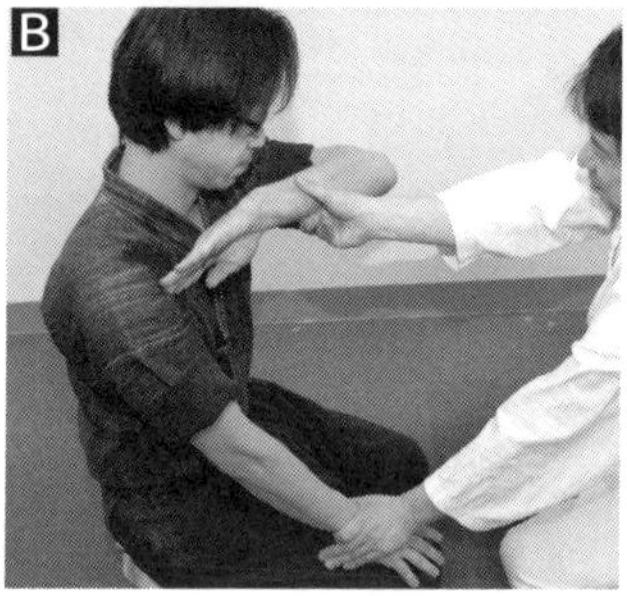

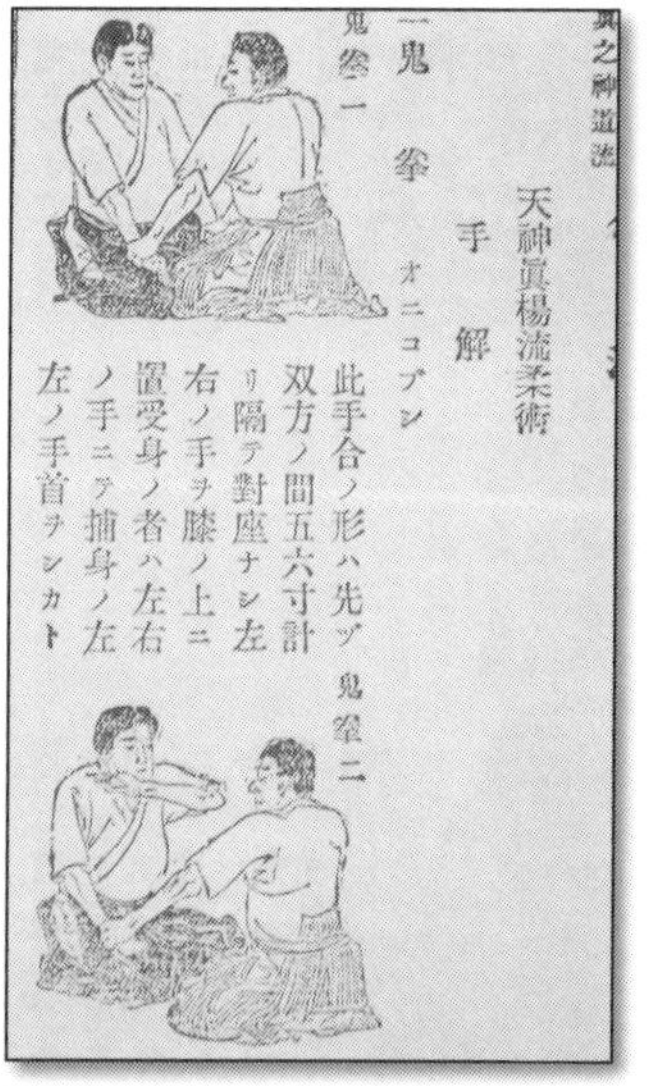

真之神道流

天神真楊流柔術

手解

一鬼拳《オニコブシ》

鬼拳一

此手合ノ形ハ先ヅ双方ノ間五六寸計リ隔テ對座ナシ左右ノ手ヲ膝ノ上ニ置受身ノ者ハ左右ノ手ニテ捕身ノ左左ノ手首ヲシカト

鬼拳二

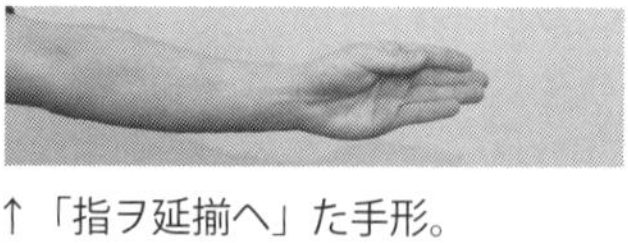

↑「指ヲ延揃ヘ」た手形。

延揃へ」という言い方が結構出てくるんです」

同書の解説絵図をよくよく見てみると、手の形だけは妙に丁寧に描いてあった。他の部分などは結構いい加減に描かれていることを思うと、〝そこには何かしら意味があるのではないか?〟と思った。

「とりあえず一本目の『鬼拳《おにこぶし》』をこの手の形にすると、あっさりと相手の把握を解いてしまう。じゃあ、次の『振解《ふりほどき》』を見てみるとやっぱり同じ手の形で描かれているので、これもその通りにやってみると、相手が崩れてくれる」

三本目の「逆手《ぎゃくて》」はどうかというと、親指が他の四指に対して直角になっている。これも挿絵のままにマネしてみると、今度は上手く行かない。

「それで、それぞれの指の方向に向かって伸ばすように腕を開いて、相手の腕を払ってみたんです。すると、できる。〝なるほど、『指ヲ揃へ』ではなく、『指ヲ延揃へ』なんだなぁ〟と思いました」

このように、とりあえずは素直にやってみること、〝考えてからやるというよりも、やってみてから考える〟ことが、特に実技においては手本を示してくれる師のいない斎藤師にとって、とりわけ重要なことだと認識を新たにした。それと共に、

「このようなかたちででも形《かた》が遺っていてくれることは、自分にとって〝ありがたいこと〟でした」

天神真楊流柔術の探求「形が秘めた力」

逆手

手解三本目「逆手」における手形（写真1～3。下図は『天神真楊流柔術極意教授図解』より）。

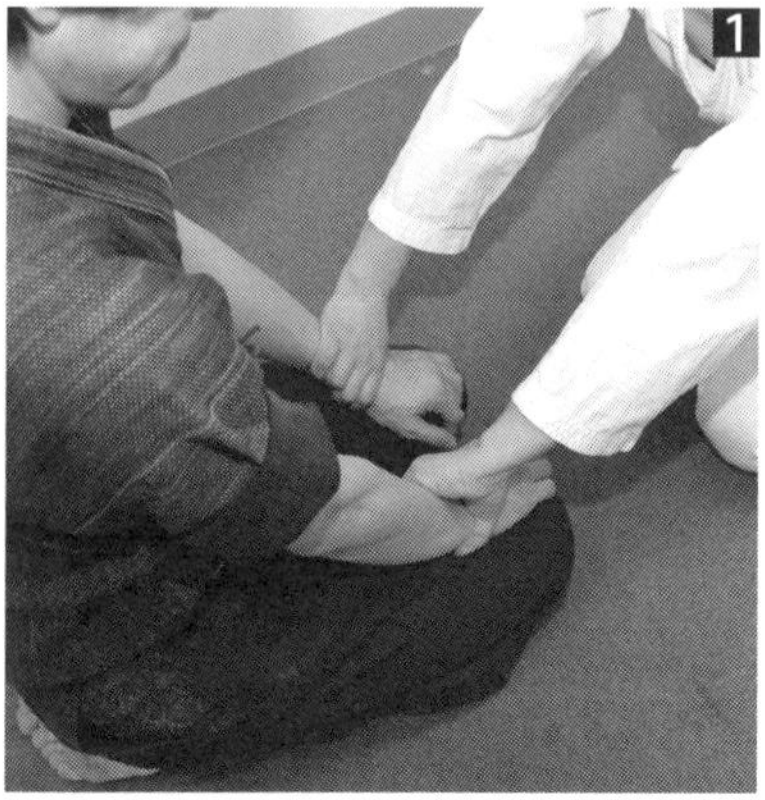

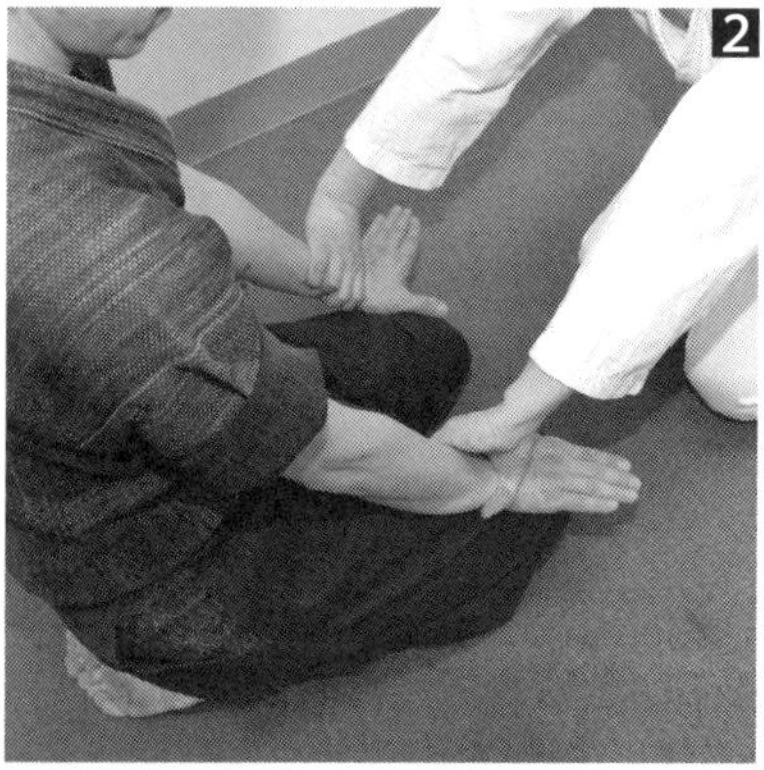

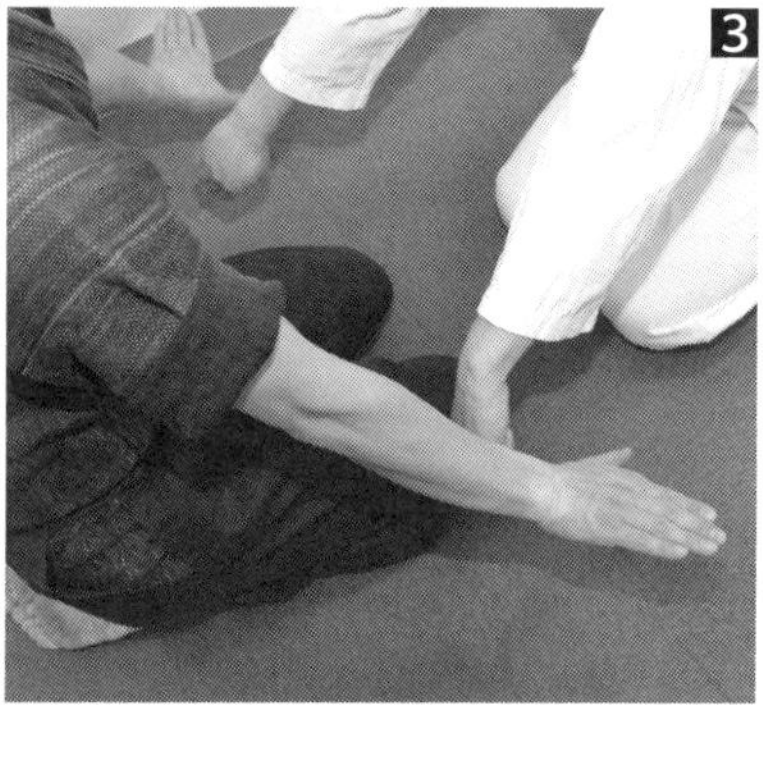

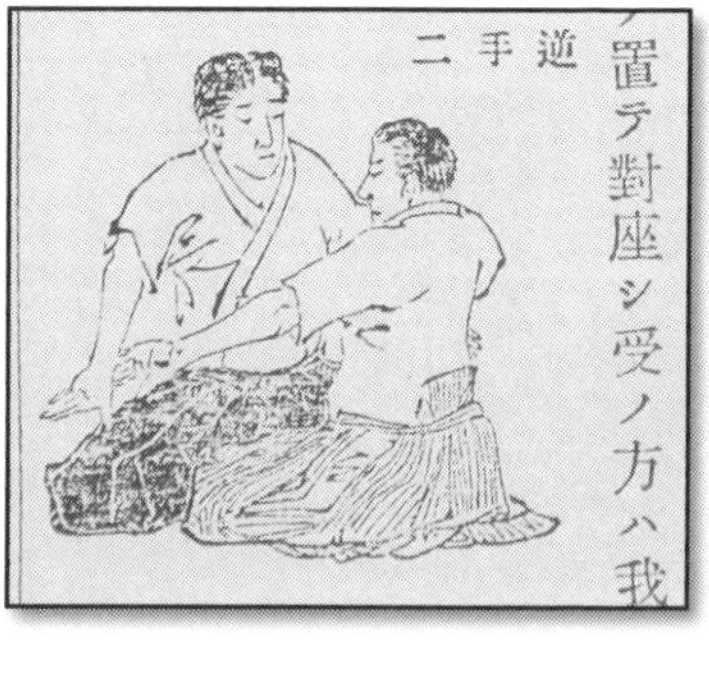

5　起倒流の〝やわら〟の秘密

ここで冒頭でもふれた、従来にない〝柔らかい〟印象を与える形稽古について、尋ねてみた。

「柔術というくらいですから、単純に考えれば『柔らかさを扱う技術』だと考えられます。では、この〝柔らかさ〟とは何なのか？　剣術が剣を武器とした技術であるなら、柔術の『柔』も武器のようなものと考えることができます。武器となりうる〝柔らかさ〟とはどんなものなのか？頭で考えてもよく分からないので、形を稽古しながら探してみたわけです」

結果から言えば、起倒流における形の要旨は〝バランスの問題〟にあるというのが、斎藤師の結論である。そのための重要な前提として、

「〝最小の力で立てること〟。そのバランスを保ちつつ、そのまま動くことで相手は倒れてしまうのです」

例えば、起倒流柔術の形、表十四本の二本目となる「夢中《むちゅう》（加藤右慶伝）」を見てみよう。古式之形では、これは一本目の「体《たい》」における捕《とり》の攻撃に受《うけ》が堪えるところから派生する技で、起倒流の形では頻繁に試みられる〝捨て身技〟となる。伝書の記述は別項の通り。

起倒流柔術の探求「〝やわら〟で得る、力が〝滞らない〟身体」

夢中

起倒流の表二本目となる「夢中」について伝書には「体之通り乗り込み、受方、前へ掛かる故前へ廻り左のにて後の上帯を持ち、右の手にて受方の左の臂の所に掛て分れる。投放し且前へ廻る時は足一文字也。あおのきに成りて投る（原文ママ）」とある。これをそのまま記述通りに動こうとしても、相手が「受けをとる」前提でもない限り、容易に崩し投げることはできない。

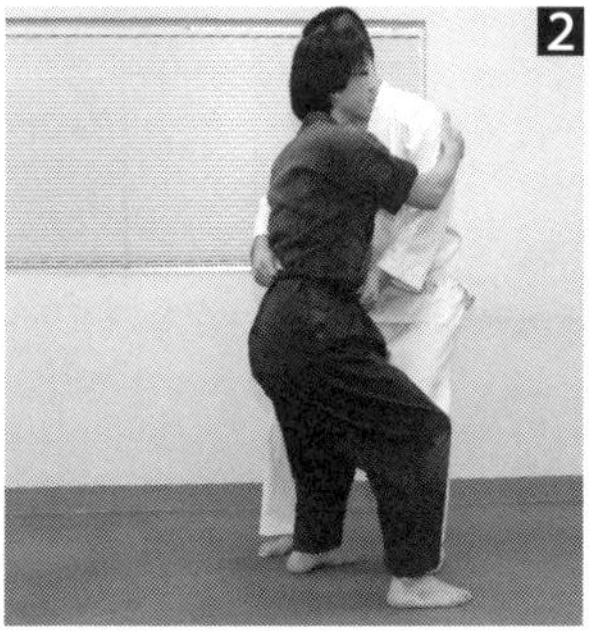

柔道の巴投げのように、相手と向かい合う形《かたち》からの真捨て身の技だが、単純に伝書の記述通りにやってもなかなか相手はキレイに飛んではくれない。せいぜいこちらの体重に引っ張られ、つんのめる感じだ。斎藤師の最初の感想も、「受の力が背中に引っ掛かり突っ張るようで、柔術の形というよりも背筋のトレーニングのようでした」。

演武として受が自ら飛んでくれない限り、受がそれなりに堪える稽古をすると、捕が加えた力が反動として戻ってくるのである。これを無くすにはどうすればいいのか？

「力で頑張るというのなら、この反動よりも大きな力を自分が出せばいい。しかし、それでは〝柔術〟の名にそぐわないし、第一、手順が決まっている形の中でスムースに動けないような身体の使い方をしていては、実際の自由に動く中で相手をコントロールできるとは思えません」

工夫を重ねる中で斎藤師は、

「〝柔らかく寝転がる〟といえば『後受身』の動きじゃないか、と。それでやってみたんです」

転がっても痛くないように、柔らかく背中を丸くしてみると、受から戻ってくる反動が背中ではなく膝に抜けていく。そこで膝を弛めて転がると、受がフワッと崩れていってくれた。

「これは、背中がより均等に丸く、より力まずに居た方が、技の効きが良いようです。いい感触でした」

受身の身体操作

直立姿勢から、ただ力を抜いて胸を落とすと、顎が上がった無防備な体勢となってしまう（写真1〜2）。さらに膝を緩め、尾底を引き上げると自然に顎が引ける（写真3）。そのまま背中を維持して転がれば、理想的な後受身となる（写真4〜6）。

1

2

夢中

前項の「後受身の姿勢」を維持したまま再び「夢中」を演じてみる。脇から通した左手で後ろ帯を、右手を軽く受の左上腕に掛けて柔らかく後受身に入ると、引き出された受の重心の重みが捕の膝から床に抜け、まるで一つの球体のように受・捕の両者が転がりながら、次の瞬間、受だけが勢いよく飛んでいった。まるで、すべての〝勢い〟を受だけが引き受けたかのように、仰向けとなった捕が静かに横たわる姿が印象的だ。

体

同じく表一本目の「体」でこの姿勢を検証する。「夢中」は身を捨てるだけに、ある程度の「抜け」で相手は崩れるが、膝を床につくだけの「体」では、より厳密に腰から膝へ抜ける力（重さ）のコントロールが求められるようだ。

柔道における「古式之形」一本目の「体」では、受がタタラを踏んで後方へ仰向けに倒れるが、伝書の「捕り方引くに乗り込み左の手にて受方の帯の通り後より腹へ廻し、右の手を受方の頭の上より上げて右の足を折り、左の足を立て腹気と空機にて後へ落とす。投放し留なし。残心迄也」の記述通りに動作すると、腰から崩れた受は捕の沈み込みに巻き込まれるようにして後方に投げ出されてしまう。そこには、かつて講道館柔道創始者、嘉納治五郎が魅了されたという、美しいほどの「やわらの世界」が甦っていた。

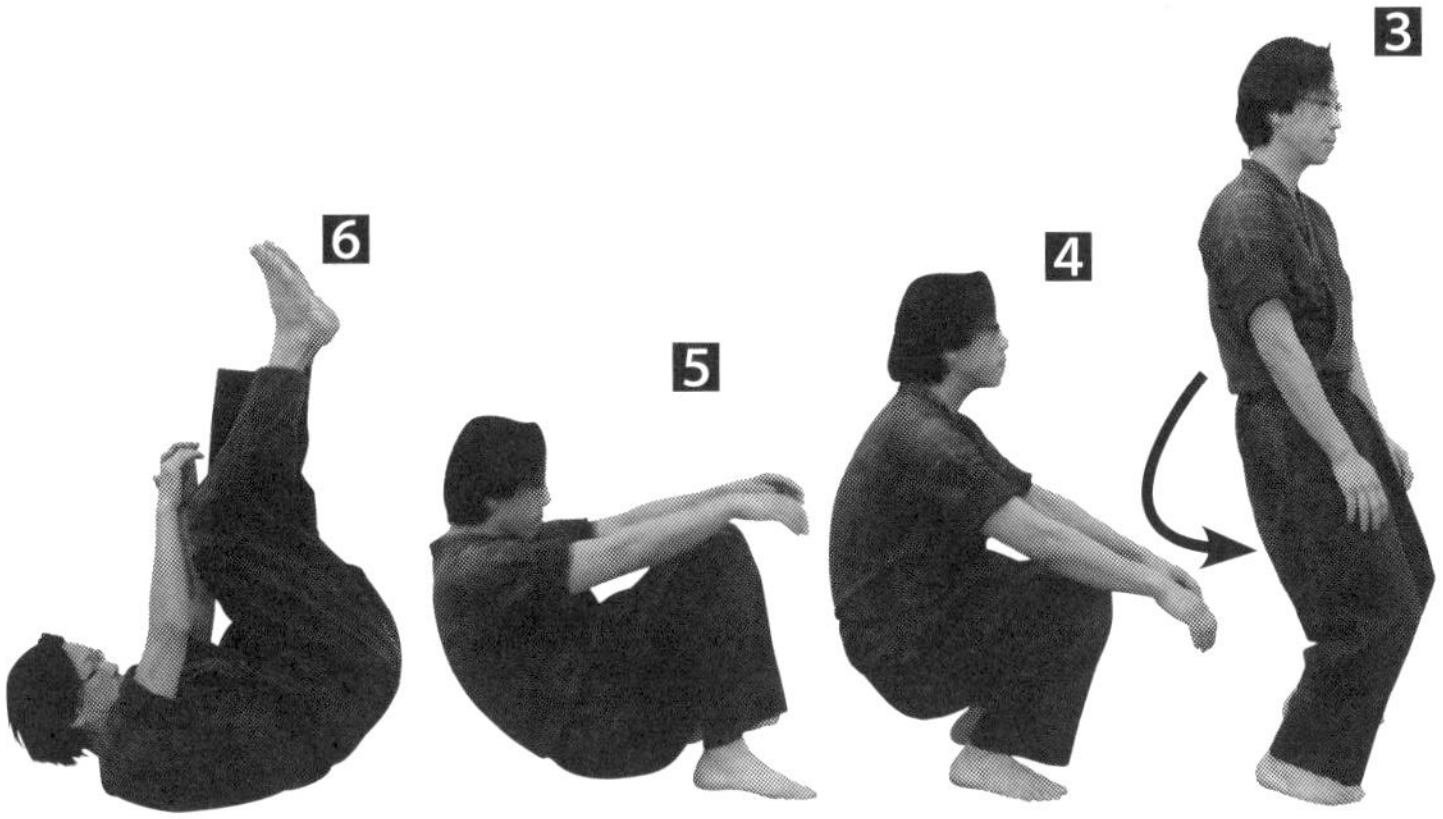
3
4
5
6

1
2
3
4

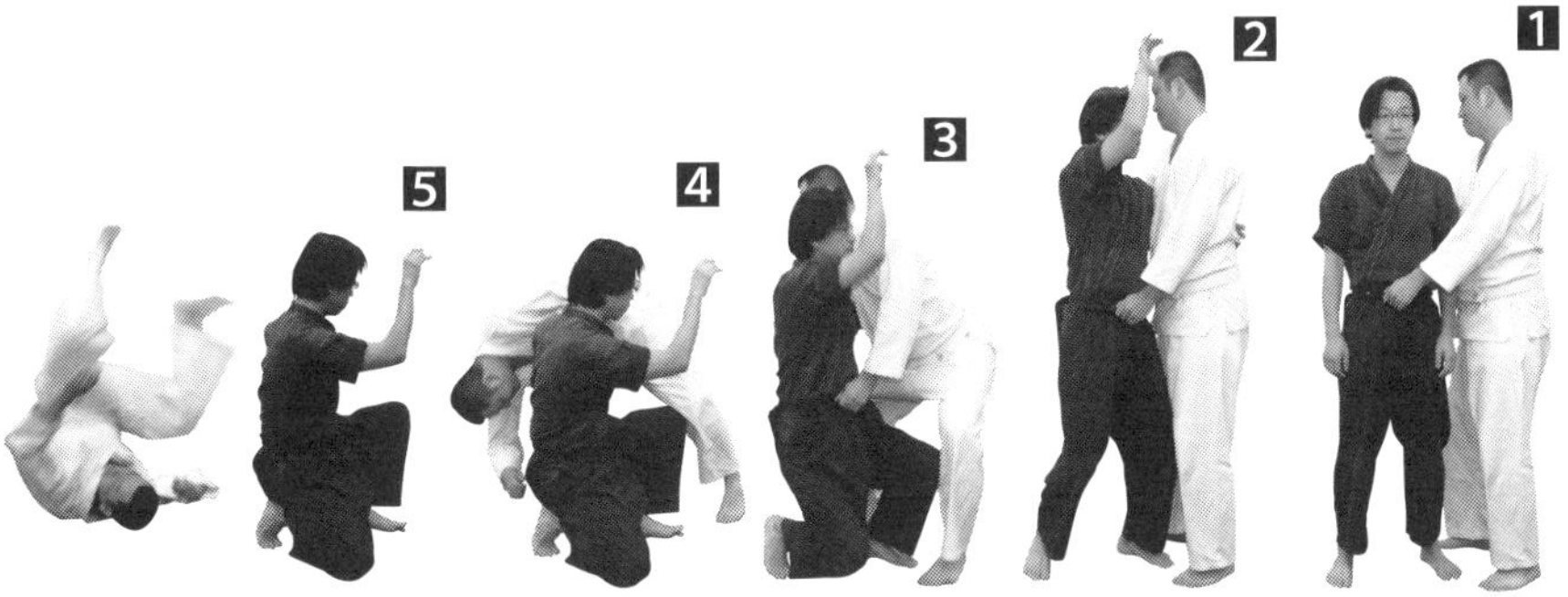
1
2
3
4
5

この感触を一本目の「体」の稽古で確認してみる。この形は、伝書に「当流は十四の象を此体一つを捕る心也」とあるくらい、流儀の根幹に関わるものである可能性が高い。脇から前後に帯を取る受が、腰投げに引き付けようとするところ、捕はその引きに逆らわず膝を付きながらしゃがむことで、受を崩して投げる。

これも概ね、後受身の身体感覚に近いが、〝そのもの〟というよりも力を抜いてストンッと落ちる、その〝受身をとる直前の立ち方〟を意識すると良いようだ。他の形をやってみても、やはりこの身体感覚は共通したポイントと思われた。

「この姿勢は首と背中の力を極力抜いて、腰が少し丸まるくらいにする事で、首が少し上を向いて肩の力が抜けるので、腕を動かしやすくなります。ただ、顎が上がってしまうため、実際の格闘には適さないようにも思えました。

そこで今一度、伝書を確認してみると『眼色顔形惣体を荒くせず如何にも柔和にして胸を落とし丹田を持ち虚体となりで立居る』とあります」

この『胸を落とし丹田を持ち』に着目した斎藤師は、膝をさらに緩め腰を丸めてみた。すると、肩から尾骨がぶら下がったような感じにまで背中が緩んで、胸骨が骨盤の中に落ちるように下がり、力まずに顎を引くことができた。そして丹田のあたりも確かに充実した感覚が得られたという。

「巻で言う丹田の感覚とは少し違うかもしれませんが、その感覚で形を打つと確かに動きがかなり良くなりました」

6　古流武術の魅力

「この立ち方は一方で〝ぎりぎり立っていられる最低限の力で立つ〟というものでした。そこから、起倒流の形全体を見渡したとき〝倒れることで投げる〟捨て身技が多いことは、そのことを知らせるメッセージなのかな？と。これは僕自身、すごい発見じゃないかと思いました」

起倒流には裏として七本の形があるが、その中の実に五本が、こうした捨て身技となる。斎藤師も「受身さえできれば、裏の形から学んだ方が実は分かりやすいのかもしれません。起倒流の場合、裏というのは変化や返し技ではなく、表の解説というか、種明かしの趣がありますね」と語る。

「でも、よく考えてみたら、流派の名前からして『起きて倒れる』ですからね（笑）。起倒流は、元々は中国の陳元贇《ちんげんぴん》に学んだ三人の武士たちにつらなる流儀ですが、剣術の達者たちが集まって、見知らぬ体術をああでもない、こうでもないと研究した中から形作られていった、現代の僕らのような一種マニアックな人間たちの遺産なのかもしれませんね」

斎藤師自身、「これが正しいやり方なのかは分かりません」と語るが、〝形〟というものによって伝承されてきた古流武術ならではの、一つの愉しさがその研究からは滲み出ていた。

「トライ&エラーのようなかたちで、頭ではなく身体で素直に聞けば、応えてくれる。それが、古流武術の形稽古の大きな魅力というか、優れているところなのではないかと思います」

第2章

講道館が伝え遺した「五の形」にみる"もう一つの柔道"

講道館　十段……………安部一郎

文◉本誌編集部

1　講道館柔道「形」国際競技大会

２００７年10月27～28日にかけて、第1回講道館柔道「形」国際競技大会２００７が、文京区春日の講道館大道場で開催された。それまでも国内においては道友会（講道館第二代、南郷次郎館長の時代に創設された講道館柔道教員養成所のＯＢを主として構成された団体）などが主催して形の競技大会が行われてきたが、総本山たる講道館が主催するものとしては初の試みであり、画期的なことといえる。

そもそも伝統武術において修業の根本となるのは形稽古であり、天神真楊流、ついで起倒流の柔術を学んだ講道館柔道創始者、嘉納治五郎師範もまた、両流の形を学んでいる。だが一方で、両流ともに江戸後期より盛んとなる乱取もよくする流儀であったことから、嘉納師範は講道館創設にあたり、稽古は乱取を主として「形というものは、これをきりはなしてはほとんど教えていない。乱取の合間合間に形を編み込んで教えるという方針をとった」(『嘉納治五郎「私の生涯と柔道」』日本図書センター)という。

嘉納師範自身は、形と乱取の関係を国語能力における文法の知識(形)と作文能力(乱取)に例えてその意義を正確に把握していたが、「あたかも、文法を一科とせずに、作文の際に自ら文法を習得する」(前掲書)方法で当初指導を行っていたと語っている。

この嘉納師範の方針は、明治維新を経て一時衰亡の翳《かげ》りのあった日本柔術の中にあって、さきの両流と同じく乱取稽古の採用で命脈を保っていた戸塚派楊心流や、西日本の各流派などとのしのぎ合いに勝利して、新時代の旗手としての地位を確立する大きな原動力となった。それが現在のオリンピックを頂点とした、柔道の国際的な発展へとつながっている。今や数ある現代武道の中でも最も一般的な認知度は高く、大会で活躍する現役選手などの動向は、常にマスメディアを通じて多くの人々に注目されている。

そんな柔道の在り方が、一方で「形の軽視」につながったのは、ある面で仕方がなかったのかもしれない。大正15年（1926）には、嘉納師範が高段者（六段以上）の昇段審査に、初めて「形の試験」を採用したが、徳三宝《とくさんぽう》や中野正三ら当時の一線級の実力派は「形は実力のない弱い奴がやるもの」と頭から否定して、六段の形の試験をボイコットしてしまった、という事件が起こっている（工藤雷介著『秘録日本柔道』東京スポーツ新聞社）。

今回、講道館の形の演武・解説をいただいた安部《あべ》一郎十段の語るところでは、「ここ15年〜20年前までは、（柔道の）形は軽視されていた※」とのことだが、こうした風潮は今、大きく是正されてきているという。（※本章の取材は2007年）

安部 一郎

Abe Ishirou

大正 11 年（1922）11 月 12 日、秋田県生まれ。少年期を過ごした群馬県の旧制中学で柔道と出会う。卒業後、昭和 16 年（1941）に東京の高等師範学校体育二部に入学、さらに柔道の研鑽に励む。しかし、次第に戦況悪化する時勢に志願訓練兵として朝鮮半島へ。同地で終戦を迎えて後、昭和 20 年帰国。その後、一時、講道館に職員として勤めるが、昭和22年には大阪に移り堺警察署などで指導。昭和26年にはフランスからの招聘に応えて同国で２年、次いでベルギーにて 17 年間指導。帰国後、講道館の国際部、審議部、参与の要職を経て、平成 18 年に歴代 13 名のみの講道館十段を授与される。2022 年逝去。

講道館
http://kodokanjudoinstitute.org/

「10年ほど前から毎年全国的な形の競技大会が開催されており、昇段に当たって履修すべき形の試験も厳格に実施され、形に対する必要性や意欲の向上が見られます。特に海外においては、講道館の形がずいぶん勉強されています。私もフランスやベルギーで指導していた頃には、よく極《きめ》の形や柔《じゅう》の形の指導を求められました。講道館としても正確な形の普及に力を入れるようになり、毎年7〜8月には形の講習会を開催していますが、これも毎回100人以上の外国人参加者が集います」

今は国内においても「だんだんと形への興味を持ち始めた人が多くなってきたようで、昔とはだいぶ空気が変わってきています」と安部十段は言う。そこには、近年の古武術ブームによって、伝統武術の形が再評価を受けたことも無縁ではないだろう。

2 講道館の「形」に残る古流の匂い

柔道が国際スポーツとしての発展を遂げた現在、競技としての柔道はポイントの取り合いなど本来の武道が持つ価値観から、大きく逸脱した面も指摘されている。そんな今だからこそ〝武道〟としての講道館柔道を再確認する意味で、同館が伝える数々の形の体系を改めて見直し、研究することは大きな意義を持っていると言えるだろう。

そこで今回、本書では講道館に残された数々の形体系の中で、極意的な位置づけをされながらも、多くの謎に包まれている「五《いつつ》の形」に注目した。

五の形は、嘉納師範によって実際的な攻防を超えた表現をもって、柔道の理想とする攻防理合を象《かたど》る形として構想されたものの、未完成に終わったため各形の名称もないままに保存されたとされている。また一説には、嘉納師範が自ら学んだ二つの古流柔術のうち、起倒流の形を「古式の形」として保存したように、天神真楊流の中からその極意を「五の形」として残したとも言われる（小谷澄之・大滝忠夫共著『最新柔道の形・全』不昧堂）。

このような不可思議な存在である五の形は、現代の競技の中に見る「柔道」とは違った姿を我々に提示してくれる。

本章では、改めて講道館の形体系とその意味合いを俯瞰《ふかん》すると共に、安部十段の指揮の元、現在の五の形の全容を御紹介いただいた。

3　七つの形体系と講道館の独自性

現在の講道館で、昇段審査において評定される形には「投《なげ》の形」「固《かため》の形」「極《きめ》の形」「柔《じゅう》の形」「講道館護身術」「五《いつつ》の形」「古式の形」の七つがある（このうち第1回「形」国際競技大会では「投の形」「固の形」「極の形」「柔の形」が競われる）。

その他に、昭和2年に嘉納治五郎師範が創案した「精力善用国民体育の形」という聞き慣れない形が講道館には存在する。同時期には肥田式強健術の肥田春充などをはじめ幾人かの運動家が「国民体育」と称する独自の体操を発表しているが、これも当時の富国強兵の機運から創案されたものと思われる。この形は単独動作と相対動作からなるが、単独動作は様々な突き蹴りの動作を複合したもので、独自性はあるものの明らかに空手（唐手）の影響下に成立したことを思わせる。一方、相対動作は極式練習と柔式練習に分類され、それぞれ極の形と柔の形から取材された10本ずつで構成されている。現在、この形が行われる機会は極めて少ない。

さきの七つの形体系のうち講道館護身術のみは、嘉納師範の逝去後、25名の講道館護身法制定委員会によって研究・検討されたものが昭和31年1月に制定されたものである。だが、その他は、起倒流の形をそのまま保存したと言われる「古式の形」以外、すべて嘉納師範の主導によって明治20年前後にその原型が創案されたものとされる。

この中で最も初期に体系立てられたのは投の形と言われるが（明治17年〜18年頃）、講道館柔道の真骨頂となる乱取形として、いわゆる寝技の技法を整理した固の形も、講道館が創設間もなくして対古流戦を戦い出したこの頃に萌芽している。ただし、固の形が今日のかたちに創り上げられた背景には、同じ頃に創られた「真剣勝負の形」が、今日の「極の形」として完成するように、後年の大日本武徳会での柔術諸流との協議に負うところが少なくない。

それまで、天神真楊流や起倒流の形をそのまま教えていた嘉納師範が、ここに至って講道館のオリジナリティを表明したのが、これら一群の新しい形の創出であった。というのも、序章で触れたように創設当初より乱取に力を入れた講道館柔道ではあったが、乱取自体はすでにいくつかの既存流派によって採用されており（ゆえに互いに競い合うことが可能だったわけだが）、「ただ乱取を行う」というだけでは新たな「柔道」という枠組みをアピールするにはいかにも弱かったことが想像できる。また、新時代の合理的な考え方を持つ嘉納師範にとって、形に秘められた個々の技の合理性を力学的な見地から再構成を図ることは、さして難しいことではなかっただろう。かくして乱取に沿った新しい形の創出は、新興・講道館にとって必然的になされたものと思われる。

4 幻の「剛の形」と柔理を尽くした「柔の形」

なお、このころ創案された形に「剛《ごう》の形（あるいは剛柔の形）」と呼ばれる体系があるが、これなどは、この時期の嘉納師範の葛藤が垣間見れて興味深い。これは互いに腰を落とした自護体で組み合い、剛と剛との拮抗から一転して一方が柔となって技を施していく体系となっているという。実質的には背負投や肩車、浮腰など投の形に含まれる技を連続して掛けていく形で、深く腰を落として組み合う形式は、当初、袖の短い柔術衣が使用された乱取の黎明期に多用されたスタイルでもある。このことからも剛の形は、のちに嘉納師範が理想として確立する、自然本体で組み合うことを基礎とした投の形に至る、乱取形の原型的な役割を担ったものではなかったかと考えられる。

この剛の形は嘉納師範にとって未だ「意に満たぬ点がある」として、教授が見合わせられたまま師範が逝去してしまったため、現在、講道館では行われていない。ただ、これを教授された一部の指導者によって剛の形は現在も命脈を保っていることから、この柔道史の上からも貴重な形の研究が、今後さらに深められることを願いたい。

また、この剛の形と対をなすかのような名称である「柔の形」が、同時期に創案されている。し

「柔の形」と古流技法

写真は「柔の形」の一本目「突出」（つきだし）の冒頭、相手の右指頭突きを避けて背後から制したところ。下図は天神真楊流柔術の形「獨鈷」（どっこ）の一場面。柔の形では体育的な伸展動作の意味合いを強くしているが、相手を背後から後方へ反らせるこの動作はもともと楊心流系に多く見られる技法なのである

演武：（取）安部一郎十段、（受）平野弘幸六段

かし、その内容は他の形に見られない独特の所作に不思議なほど洗練された印象があり、創始者である嘉納師範自身もこの形体系には大きな自負と期待を抱いていたことが諸々のエピソードに現れている。この形は互いにユックリとした動作を以て、次々と防御と反撃を繰り返す形が一教〜三教の各五本でまとめられている。なお、この3分類には然《さ》したる理由は見出せないようだ。いずれにせよ、体育的見地からも、形の成立過程を考

察する上でも、非常に興味深い体系となっている。

相手の勢いを流し、かつ利用して滞り無く流れるような展開は、あたかも太極拳における推手に酷似しており、やわら（柔術）本来の柔の理が簡潔に表現されている。実際、頻出する「後方に反るように相手を固める（極める）動作」は、天神真楊流の形にも散見される技法であり、乱取形に包含しきれなかった同流の技法を再構成したのではないか?と思わせるものがある。

激しく投げ放つような動作がない柔の形は、どこでも簡便にできる利点もあり、特に乱取試合を行わなかった時代の女子柔道では、必須の科目とされたという。現在も女子は初段から昇段審査科目に柔の形が加えられている（ただし初段では一教のみ。二段で三教全部。男子は五段より全てを審査される）。

5　現在の「五の形」と嘉納師範の理想

さきの剛の形と同様に、嘉納師範によって「これも未成品で、実際行われてはいるが、完成したものではない」と語られているのが、今回、安部一郎十段に解説演武いただいた「五の形」である。未完成とされながらもその内容は、嘉納師範が理想とした柔道の理合を格調高くまとめ上げたもので、古式の形に次ぐ極意の形とされている。特に高段者にはその自覚を以て、これを学ぶ人が少なくないという。

安部十段が五の形に初めて触れたのは、戦中の昭和16年に入学した東京高等師範学校（現・筑波大学）の授業（柔道専科の体育二部）であった。

「当時の東京高師は校長を務められた嘉納師範の直属の学校という自負のある、柔道の名門校でした。私は群馬の旧制中学時代に柔道を始め、柔道の専門家を目指して同校へ入学しました。この頃に週に1回、形の授業があり、（当時の）全ての形を学んだのです」

お話によれば、当時の東京高師ではのちの十段である永岡秀一を筆頭に桜庭武、橋本正次郎、大滝忠夫、松本芳三といった各先生方が教授していたという。

「ただ、だんだんと悪くなる戦況の中、学校へ行っても勤労奉仕などに駆り出されるばかりで、ロクに授業も無いという有様でしたから、とても柔道どころではなくなってしまいました。そんなこともあり、当時習った形の内容については、残念ながら細部は覚えておりません」

小谷澄之・大滝忠夫共著『最新柔道の形・全』（前掲31ページ）によれば、五の形の説明には古い先生方にも細部に違いがあったというが、現在は五の形に限らず、形の名称や内容などの整理・統一が進められ、講道館の形体系には一定の統一見解が確立されている。ここで紹介いただいたのは

講道館柔道「五の形」その実技と理合

演武：（取）安部一郎十段、（受）福島美智男八段

嘉納師範が講道館柔道の攻防の理合を究極的なカタチで表すことを意図して創案するも、未完成に終わったとされる「五の形」は、たった五本の各形に個別の名称もないまま、現在に至っている。しかし、そこには乱取競技の中には見られない、嘉納師範が理想とした「もう一つの柔道」が表現されている。

一本目

「五の形」は三間（約6メートル）ほどの遠間で、正面と互いの礼から始まる。互いに道場中央へ進み出たのち、おもむろに取（安部十段）は受へ歩み寄りながら（写真1）、右手を挙げて五指を揃えた掌を受の胸部中央へ静かに当てる（写真2）。そのまま取は前に進みながら右掌を緩みなく押し続け、受はこれに耐えながらも後ずさるので、取は受の崩れを感じたところで大きく踏み出しながら一押しすることで（写真3）、受は後方へ仰向けに倒れる（写真4）。

第一の形は僅かな水流でも間断なく押し寄せることによって、堅牢な岸壁も抉られてしまうように、確固たる体勢も合理的な力を与え続けることで最終的には崩せることを説くものとされる。

1

2

3

4

二本目

一本目に続いて、五指を揃えた右手を腰に取りながら立ち上がった受は（写真1）、取に向かって歩み寄り右指頭（指先）を取の腹部中央へ突き出す。これに対して左足を引きつつ両手で受の突き出した手首を捉え（写真2）、左膝を床へ付きながら体を開いて、一気に受の右腕を引き落とし、受を仰向けに投げ放つ（写真3～4）。

第二の形は突発的に押し寄せる強大な力も、無理にせき止めることなく、その怒濤の勢いを僅かな落差でそらすことによって、滝の水が落ちるがごとくに自らの勢いが仇なす結果へと仕向けることができるという、その理合を説くものとされている。

1

2

3

4

三本目

二本目による位置関係から両者立ち上がると、両手を大きく広げ、互いの間合の中央を中心点として鳥が上空を旋回するがごとくに左回り（逆時計回り）に歩み出す（写真1）。そのまま渦を巻くように互いの間が徐々に詰まっていく（写真2）。ちょうど両者が逆位置に達する頃合い、互いに正面から向き合う形で左右の腕が接して、なお回転し続けると（写真3）、いち早く渦の中心に位置した取は上となった左手は押し下げ、下となった右手を押し上げながら右前隅に崩れた受の力を利用しつつ、体を仰向けに捨てて、受を体越しに投げ放つ（写真4〜5）。

言うまでもなく第三の形は渦潮の潮流を象るものであり、互いの円転する力を渦の中心を制することで一つの強大な勢いとして相手に施すものである。

1

2

3

4

5

四本目

三本目による位置関係のまま、立ち上がった受は取とは反対側を向いて自然本体で立つ。これへ取は上体を左へ捻りつつ腰を低くして背後より歩み寄り（写真1）、受の左側を抜けたのち両手を高く振り上げ、身体を伸び上がらせて立ち止まる（写真2）。伸び上がった勢いが自然に戻るように、取は両手を広げながら後方へ退いて、右腕を受の胸前に横一文字にあてがい、そのまま後方へ押し流すように下がり続ける（写真3）。押された受が下がるにつれて浮き崩れた瞬間をとらえ、取は左膝を付いて受を仰向けざまに後方へ押し倒す（写真4～5）。

第四の形はうち寄せた大波が退く勢いに象ったものであり、徐々に早さを増してうち寄せる波と、その勢いが極まってのち、さらに重みを加えるような豪快さで相手を一気に呑み込む圧倒的な力を表現している。

1
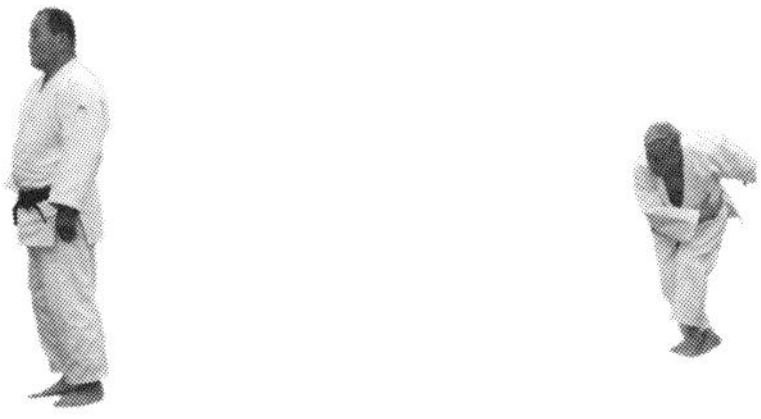

2

3

4

5

五本目

四本目の終わりから両者十分に距離を取った間合となって、両手を広げ、腰を落とす（写真1）。両者振り返り、一気に間を詰めていき（写真2）、まさにぶつからんとする瞬間、取は受の足下に身を仰向けに捨てると（写真3）、対象を失った受は脆くも崩れて取の体越しに宙を飛んで転倒させられる（写真4）。この後、受は前方回転受身から立ち上がり、共に立ち上がった取と両者最初の位置に戻り、演武を終える。

山のごとき巨浪もその身を沈め、かい潜ることでこれを避け得るように、真正面からの強大な力に対して間一髪、その身を捨てることで活路が開けることを表現している。

1

2

3

4

現在の五の形の解釈である。また五の形の成立については、「嘉納師範によって『天地自然の現象を現す』ものとして明治20年くらいに創出された形」として、講道館の正式見解では現在のところ天神真楊流などの古流から採用されたとする説については否定されている。

各形はそれぞれ水の性質に象《かたど》った説明がなされており、その点では『最新柔道の形・全』の説明とまったく変わらない。ただ、同書では二本目の受（技を受ける方）が取（技を施す方）の左腰に右手を掛けにいくとある表現が、現在の二本目では「右指頭（指先）で取の腹部中央を突く」ものとされている。

五の形全体を改めて俯瞰《ふかん》すれば、その動作・様式は天神真楊流というよりも、古式の形すなわち起倒流の形表現に酷似している。実のところ、嘉納師範自身「（五の形の）最初の二つは起倒流の形と趣を同じうしている」と、暗に起倒流の形（古式の形）を参考にしたことを仄《ほの》めかしてもいる。ただ、のちの三本は「昔の柔術には全くなかった性質のもの」との自負をのぞかせ、「水の動く形、天体の運行、その他百般の天地間の運動を、人間の身体をもって巧みに表現する」という意味合いから終わりの三本を創案したと述べている（前掲28ページ『嘉納治五郎「私の生涯と柔道」』）。

五の形を見る限り確かに言えるのは、嘉納師範が理想とした柔道の理合は現代の柔道競技から我々が連想するような、互いに組み合って相手を引き付け、足腰のバネで投げ飛ばすようなものだけではないということだ。広い空間の中で全身を縦横に展開させるそれは、柔道家でいえば、今はなき三船久蔵十段の軽やかな柔道にその理想型を見出すことができるかもしれない。

COLUMN

「五の形」の理合と合気道

「五の形」各々の理合はそのまま合気道の理合にも当てはまる。合気道の入身投げはあたかも「五の形」三本目と四本目を合わせたようでもあり、多人数取で見られる相手の足下にしゃがみ込んでしまう投げ技と「五の形」五本目など、外見は異なっても同じ理合で相手を崩し投げる技法をいくつも見出すことができる。

そこで思い起こされるのが、合気道独特の大きく身体を転回させる技法展開は、開祖植芝盛平翁が若き日に東京で戸沢徳三郎に学んだ天神真楊流の影響も指摘されていることである。合気道は、植芝翁が学んだ大東流合気柔術を基盤としていることは周知の事実だが、相手の背後まで大きく回り込むような合気道の体捌きは同流にはほとんど見られず、他の武術体系から採用されたものと考えられている。

なお、植芝翁の師、戸沢徳三郎は、「五の形」天神真楊流口伝技説を提唱した同流師範である宮本半蔵師範の師でもある。

このように考えてくると、昭和5年に植芝道場を訪れた嘉納師範が、「これこそ私の求めていた柔道だ」と語ったという逸話も、違った意味を帯びてくるかもしれない。

渦の回転力と戻る力を組み合わせた
合気道の入身投げ

相手の足元へしゃがみ込んで、
その勢いをいなす合気道独特の演武

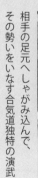

第2部

空手編

第3章

伝統空手の視点で見た形に秘められし"捕らえて打つ"戦闘スタイル

日本空手協会……………中　達也

文◉本誌編集部

1　『ハイキックガール』に現れた空手の形の驚くべき実戦性

「相手と強さを比べるためではない。人に技を見せるためでもない。ひたすら基本の技を繰り返し、身体の使い方を変えていく。それが形の稽古」

世界初の超本格空手映画とも称される『黒帯』の原作者 西冬彦監督が２００９年に世に送り出した『ハイキック・ガール』。右記はその劇中で、今や日本を代表するアクション女優となった武田梨

奈が演じる主人公 土屋圭の師である空手の達人 松村義明が語った台詞である。

『形は本当に使えるのか？』をテーマとした本作のラストでは、松村が伝統の形を応用した凄まじい空手アクションを繰り広げ、空手の形に秘められた驚くべき実戦性を世に示し、武道界に大きな衝撃を与えてみせた。そして、その松村を演じたのが『黒帯』でも主演の一人を務めた中達也師範である。

中師範曰く、形とは『地図』だという。空手という広大な大陸を、形という地図を持ちながら、自分の身体を頼りにその極意を求めて探検する。それが空手の修行であり、道なのだと。

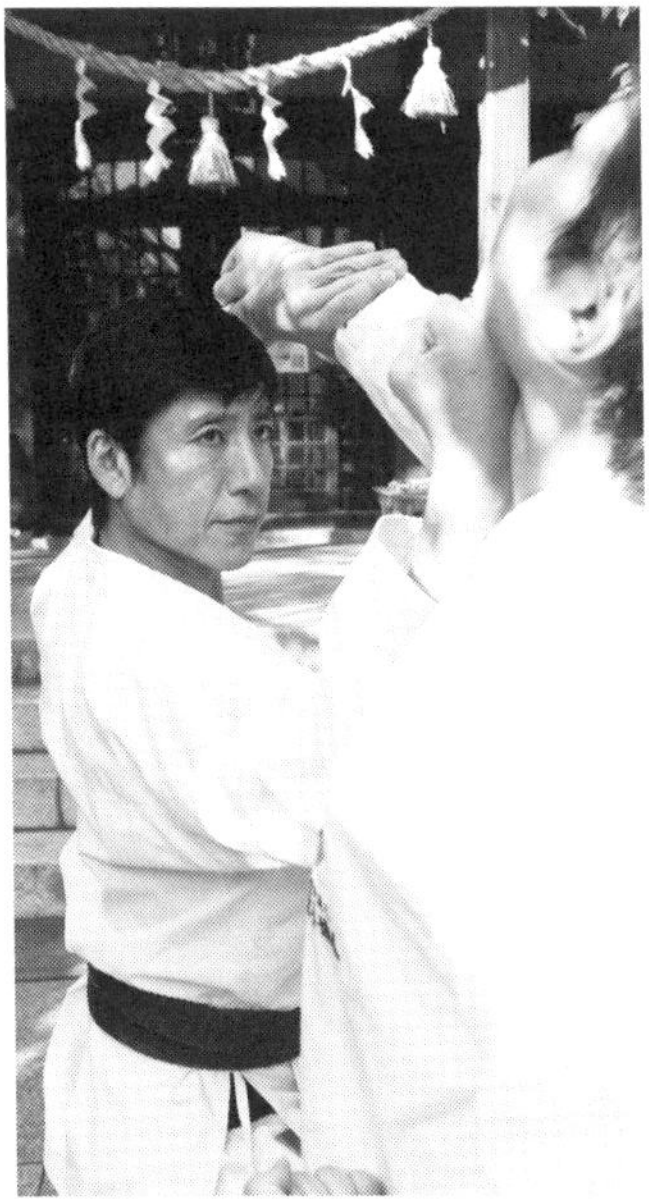

中 達也

Naka Tatsuya

1964生まれ。日本空手協会総本部師範（七段）。13歳の時に和道流の道場に入門し、空手を開始。高校時代は目黒高校空手道部、大学時代は拓殖大学空手道部に所属。数々の大会においてタイトルを獲得する。その後、日本空手協会の研修生（第28期卒業）となる。現在は、日本空手協会・大志塾を主宰し、後進の指導に当たっている。西冬彦原作の映画『黒帯』で主演を務め、『ハイキック・ガール！』『KG』にも出演。沖縄の地での空手探究『グレートジャーニー・オブ・KARATE』に続く、最新作『Kuro-obi Dream』では“日本格闘技界のレジェンド”こと中井祐樹師範らと熱い技術交流を繰り広げている。

日本空手協会　http://www.jka.or.jp
大志塾　http://www.jka-taishi.com

形の修行を通じ、競技の枠に留まらない武道としての空手を探究し続ける中師範。
「相手を捕手で固定して打つ」ことは、空手にとって本来あるべき重要な技法の一つであるという。

２「相手を固定して打つ」武道空手独自の戦闘スタイル

中師範が『ハイキック・ガール』の劇中で示した数々の空手技の中でも、非常に特徴的なものの一つに「相手を固定して打つ」という技法がある。２０２０年の東京オリンピックにおける追加種目となった空手。その組手競技におけるルールは伝統派に則ったノンコンタクトのポイント制で、いわゆる「寸止め」だが、他の打撃格闘技と違って、なぜ空手が寸止めなのか？「スポーツとしての安全性確保のため」「敵を傷つけないのが武道精神だから」確かにそういった声もあるにはあるが、中師範はより武術的に納得のいく答えを返してくれた。

「空手本来の重要な技法の一つとして、『相手を捕手《とりて》（関節技）で固めて打つ』というのがあります。自由に動く相手に打撃を効かせるのは簡単ではありません。そこでまず、捕手で相手を防御も反撃も不可能な状態にしてからとどめの突き蹴りを入れる。逆に言うなら、打つ前に既に相手を抵抗不能にしているのなら、別に最後まで打ち抜かなくてもいい。だから『寸止め』なのです」

競技空手の試合ではまず見られない、武道空手独自の戦闘スタイル。それらは全て、伝統の形の中にこそ秘められていると中師範は語る。

3　空手着を着るからではなく形があるからこそ空手である

追加種目の段階とはいえ、空手がオリンピック競技に選ばれたことで、空手のスポーツ化が今後より加速することは間違いないだろう。

また、フルコンタクト空手、グローブ空手、バーリトゥード空手など様々なスタイルが勃興する昨今、形というものを全く顧みない空手団体もさして珍しくない。オリンピックに採用された伝統派空手でさえ、組手競技と形競技はトップ選手になればなるほど、ほぼ完全に切り離されているのが普通である。空手界がこういった勝利至上主義・競技偏重に陥っている現状に対し、中師範は大きな危機感を抱いている。

「決められたルールに沿って勝敗を競うだけが目的なら、わざわざ形をやる必要はないでしょう。しかし突きはボクシング、蹴りはムエタイを採用して、それで空手着を着れば空手なのか？　そんなわけはないと思います。空手の先人たちが積み上げてきた武の結晶である形を学ばなければ、空手であって空手でない我流のものになってしまう。個人の研究による応用はもちろん必要ですが、それぞれの流派におけるオリジナルの形の中にある技から工夫、変化させてくのが筋というものでしょう。空手がなぜ空手なのか？　何を以て空手と呼ぶのか？　それは伝統に基づいた、流派独自の形というものがあるからこそ空手なのです」

他の打撃格闘技と空手を分《わか》つ最大のファクター、それが形であると中師範は断言する。中師範の所属する日本空手協会は船越義珍《ふなこしぎちん》を祖とする松濤館《しょうとうかん》流の流れを汲み、形と組手を修行の両輪として捉え、競技の枠に留まらない武道空手を目指しているという。

また、小学三年生ながらも形競技のジュニアの全日本王者として、東京オリンピックの空手競技採用に向けたアンバサダー（大使）に任命され、様々にメディアにおいて大きな注目を集めた〝天才空手少女〟こと高野万優《まひろ》選手も、日本空手協会の所属である。

4　東洋哲学の陰陽論に基づき構成された伝統の空手の形

中師範が現在、自身の修行を通じて特に感じているのが、伝統の空手の形が東洋哲学の陰陽論に基づいて構成されているということだという。

「形で行う動作の緩急や力の強弱、中丹田を使った体の伸縮、攻撃も防御も全部陰陽なんです。攻撃が陽で防御が陰。技で使う時は右手が陰、左手が陽になっていて、それが交互に出てくる構成に

平安二段

二軸と体の伸縮が生み出す爆発的な速さ

平安二段に含まれる右掲写真の一連動作には、武道空手の重要な身体操法が表れている。両肩付近を通る二本の軸の意識が体幹の無駄な回転運動をなくし、胸骨のあたりにある中丹田が体の伸縮を生む（写真1）。中丹田を「締める（写真2）」・「拡げる（写真3）」ことで、身体内部が伸縮し、その力が末端の拳足へと伝達され、筋力によるものとは全く異なる爆発的な速さが実現する。

平安二段を応用した固定攻撃

相手が右上段を突いてくるのに対し、左手で受けると同時に右拳を相手の顎に打ち込む（写真1〜2）。この時、左手は既に相手の右手を捕らえている。打ち込んだ右拳を掌に変え、肩口から差し込んで相手の頭を押さえる（写真3）。次いで捕らえた右手を上方に、押さえた頭を下方に、さらに右足を股関節を真横に開かせる方向に払う。これら異なる三方向への崩しを全て同時に行うことで、相手は一瞬で地に這いつくばるような形になり完全に固定される（写真4〜5）。最後に動けなくなった相手の後頭部へ、下段正拳突きを打ち下ろしてとどめを刺す（写真6）。

なっている。おそらく伝統の形は全部、こういった陰陽の理に則して出来ているはずなんです」

中師範は指導などで海外に行った際、現地の武道家から「私が新しく創った形だ」という創作形を見せてもらう機会があるというが、そのほとんどが陰陽の理が欠如したものだという。

「東洋思想が理解できていないと本当の意味での形には成り得ません。でも、外国人にはこれが難しい。どうしても形をテクニックとして捉えてしまう」

海外では新興武道の立ち上げは日常茶飯事だが、そこの〝宗家〟が創作した形の多くは、現代において実戦的と思われるテクニックの寄せ集めだ。彼らからすれば「実戦的なテクニックを集めれば実戦的な形になる」ということだろうが、中師範は「形は実戦テクニックの集合体では断じてない」と明言する。伝統の形には実戦において無駄と思われる動作もあるが、そこには必ず陰陽の理が貫かれているからだと。

5　形は見せるためではなく自分自身を向上させるために

「人に見せるためではなく、自分の身体を通して新しい発見や工夫を重ねて、身体操作や技量を向上させるのが本来の形稽古の目的。身体と相談しながらゆっくり力を入れずに楽しんでやることで、

鉄騎初段

鉤突きから中段突きへの変化

鉄騎初段の代表的動作である鉤突きから、そのまま身体を正面へ向ければ拳先・足先・鼻先が同一線上（中国武術でいうところの三尖相照）となり、強固な中段逆突きが形成される。体側面にある軸を正面へ持ってくるような感覚で行う。

側面から見た図。まずは両肩付近を通る二本の軸を確立し（写真1）、左肩側の軸を中心に、身体を回すのではなくキャタピラで巻き込むように正面へ向けてゆく（写真2〜3）。

一般的な現代空手の突き方は、正面から押し込まれると容易に体勢が崩れてしまう（写真上）。だが鉄騎から変化した突きならば、段違いの強固さを発揮できる（写真下）。

一般的な突き

鉄騎の突き

色々なことがわかってきます」

今年で52歳というのが信じ難いほど若々しい中師範だが、その〝枯れない〟秘密は間違いなく空手への尽きることのない情熱にあるのだろう。

「形をやってると『ちょっとした身体の使い方で、こんなにも技が変わるのか！』って驚いたり、『あっ、だからこの形はこういう動きじゃなければいけないんだ！』『昔の先生が言っていたのはこういうことだったのか！』って気付くんですけど、その時の感動はものすごいんです。稽古の後、一人でニヤニヤしていますね（笑）」

今は毎日の形稽古が、空手が楽しくて仕方がないという中師範。組手競技の選手として輝かしい成績を残した現役時代よりも、現在の自分の方がはるかに速く、強くなっているという。

最近では西監督の最新作『Kuro-obi Dream』にて〝日本格闘技界のレジェンド〟中井祐樹師範らと拳を交えて熱い技術交流を行うなど、多方面でさらに活躍の場を拡げている。

「自分の技を作り出すのが形。潜在能力を引き出し、一瞬で身体を変えてしまうこともありますが、それも形の役目の一つ。形が教えてくれるんです」

形を何よりも重んじながら、誰よりも〝型に嵌《はま》らない〟中師範。その歩む先は、まさに武道空手の道である。

岩鶴

岩鶴を応用した固定打撃

相手が左上段、右中段と突いてくるのを右手刀で連続して受け、引き込んで崩す（写真1〜2）。

転身しながら捕った右腕の肘関節を肩で拉ぎ折り、とどめの肘打ちを叩き込む（写真3〜6）。

第4章

沖縄空手の視点から見た空手〝伝統形〟の本質

空手道今野塾……今野　敏

文◉増井浩一

1　形の正しい読み解き方

――2020年に東京都で開催される第32回夏季オリンピック（東京五輪）に、開催都市が提案できる追加種目（旧公開競技）のひとつとして、「空手道」が採用されました。まずはこのことについて、今野先生の率直なご意見をお聞かせください。

今野　無責任なことを言わせてもらうなら、困ったことになったなあ、と（笑）。数年前、あまりにも空手が競技として広まってしまったことに対して、沖縄出身の空手家として長年、本土で貢献されてきた空手道研修会の金城裕《ひろし》先生（故人）が「これからは空手を広めない努力をしなくてはダメだね」と私におっしゃっていたことが思い出されます。オリンピックともなれば、空手がますます〝競技としてだけ〟認識されていく可能性が高くなるからです。

――オリンピック種目採用、特にそこに「形《かた》」競技が組手競技と共に採用されたことは、空手にとってもその特色を改めて世界にアピールできる好機と捉える一方、それが競技としての発展に拍車がかかることで、空手の本質とも言えるものが本来の姿を完全に失ってしまう契機ともなりかねない懸念もあります。

そもそも空手の形が持つ本質とは、先生はどのようなものだとお考えでしょうか？

今野 敏

Konno Bin

1955年、北海道三笠市生まれ。上智大学文学部時代の1978年、『怪物が街にやってくる』で問題小説新人賞を受賞。大学卒業、東芝EMIに入社。1981年、同社を辞め、作家に専念。2006年、『隠蔽捜査』（新潮社）で吉川英治文学新人賞を受賞。2008年、『果断 隠蔽捜査2』で山本周五郎賞、推理作家協会賞を受賞。作家活動と並行して、古流空手の型を研究し、実戦的な技を学ぶ「空手道今野塾」を主宰している。

◎今野敏オフィシャルサイト
「ざ・今野敏　わあるど」
http://www.age.ne.jp/x/b-konno/

今野　昔の沖縄では、形は人に見せるものではなかったんです。競技も含めて、形を人の前で演じてみせるというのは、明治中期以降になってのことだと思うんですね。そして、大切なのは「形を練習する」のではなく、「形で練習する」ということです。

――「形で練習する」とは、具体的にはどのような？

今野　空手の技というものはすべて形の中に入っている……ですから形はマニュアルであり、ノウハウであり、秘伝書でもあるんです。要するに空手（「唐手」「手」）は文献・書物を残さなかった代わりに、それらを「形」の中に伝えてきたということですね。

ところが古い書物や秘伝書などは、手元に実物があっても、読み解き方を知らないと意味がわからない。空手の形も、〝正しい読み解き方〟がわからないとなんの意味もないんです。ですから、昔は優秀な弟子には、先生が口伝とともに変手（ヒンディ＝いわゆる分解組手）を教えることで伝統を守っていたんです。

――空手の形には、意味がわかりづらい動作が多々あります。

今野　競技化されてからは、さらにわかりづらくなったのではないでしょうか。これは私の体験なんですが、本土で学ばれている形を習っても、まずその意味がわかりませんでした。しかし後年、同じ名前の形を沖縄の先生に教えてもらうと、その場ですぐに理解できるんです。要するに、本土

形を正しく読み解くと、そこに技が生まれる

『「形が使えない」』という人の多くは、形が示す通りの基本を訓練していない」と今野師範は指摘する。例えば、中段突きに対する下段払いからの逆突き。形でも頻出するこの動作を、本土流入後に組み立てられた基本組手では写真1〜3のように、一旦下がって下段に払い、改めて逆突きを出す形で修練した。しかし、それではどんなに早くしても2テンポの動作を越えられない。一方、次ページ右列写真1〜3は「ワンシュウ」の一動作そのままに一歩を踏み込みながら下段払い、逆突きを一調子で極める。「こうした動きが達人の〝見えない突き〟を生むのです」（今野師範）。

ワンシュウ

拳の握り方の大事

右列写真1のように四指を強く折り曲げて握り込むと手首が緩む（右列写真2）。指は軽く曲げながら小指と親指で挟み込めば（左列写真1〜2）、手首までしっかりとした拳が作れる。こうした口伝も大事だ。

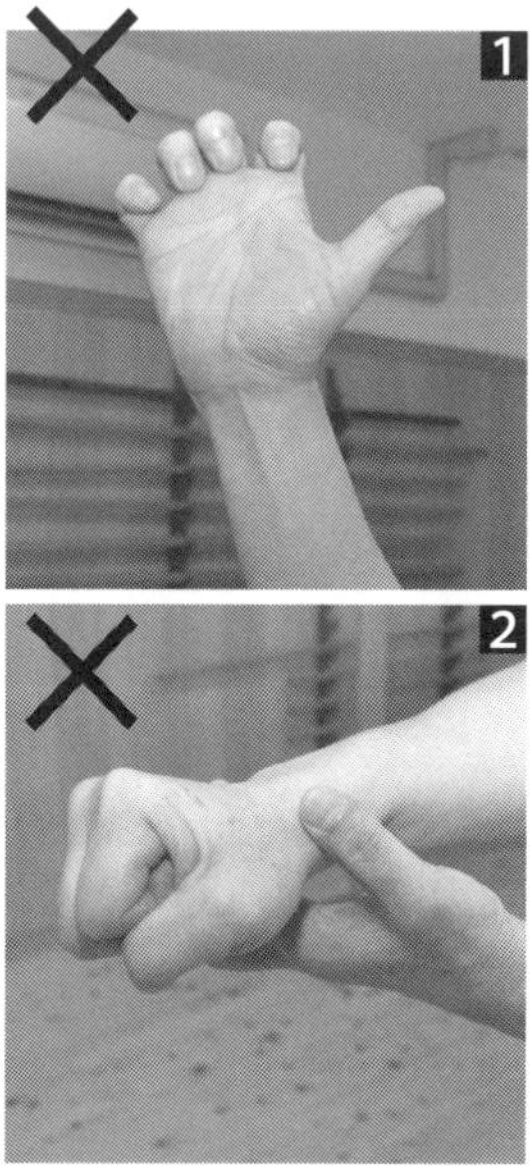

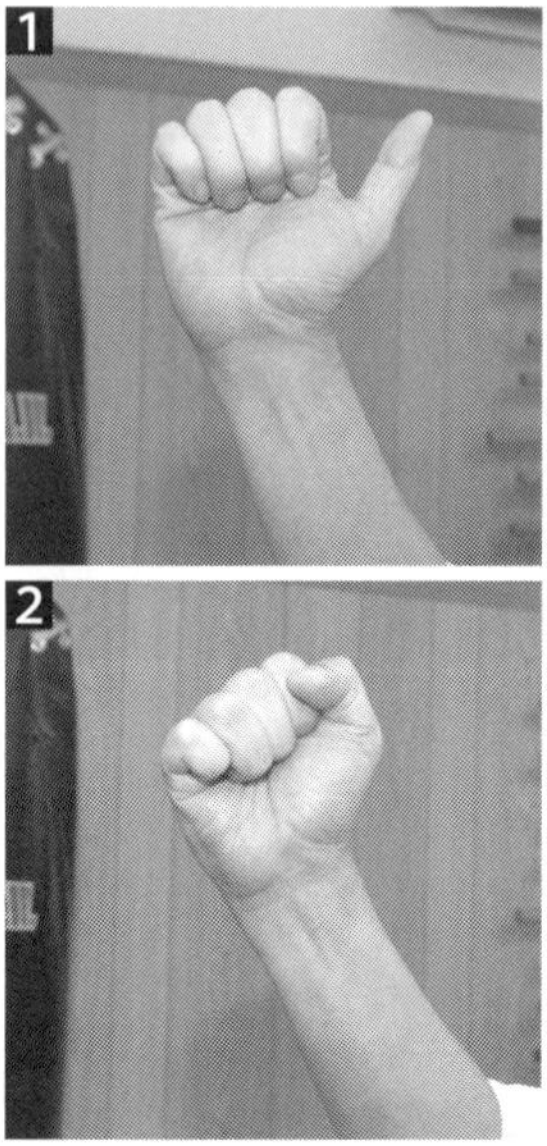

このような拳が作れるからこそ、前ページ写真の例のような超接近の突きでも十分、チンクチの利いた威力のある重い突きを放つことができる（写真1〜2は手を接する距離からのサンドバッグ突き）。

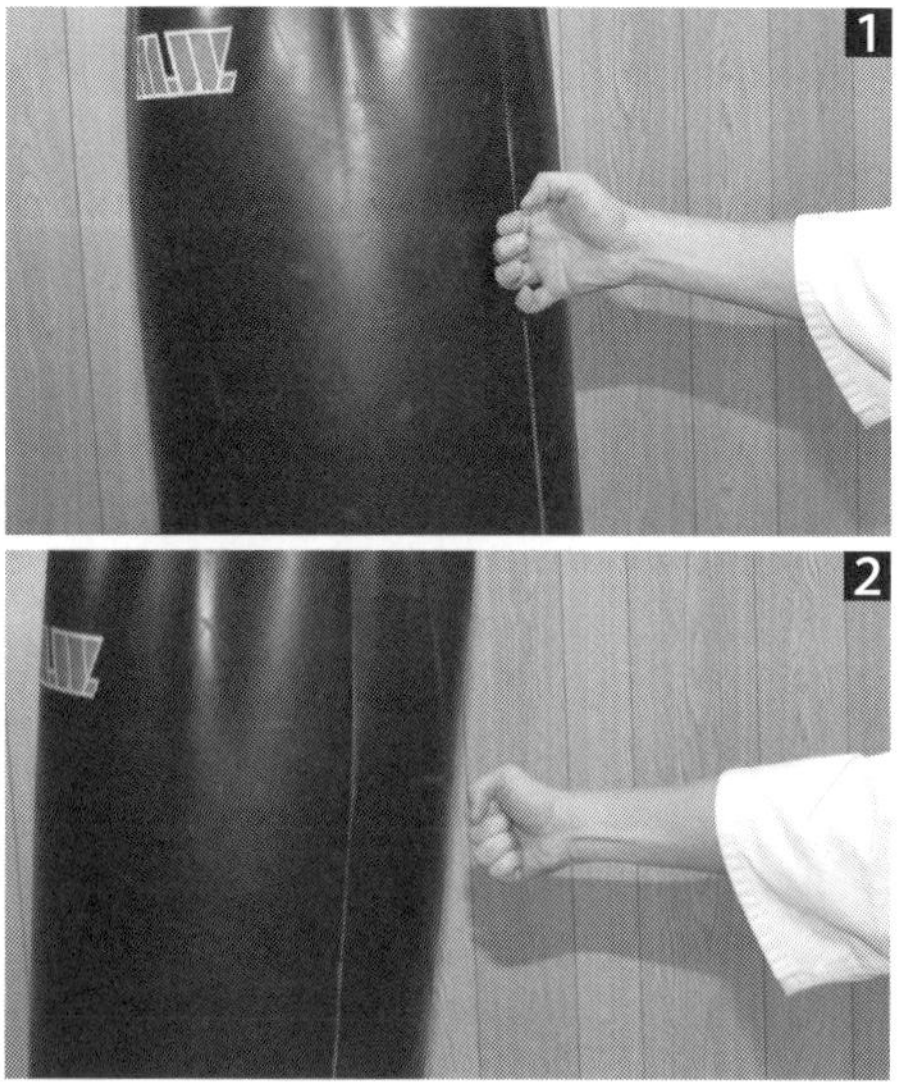

69ページ「ワンシュウ」の突きはナイファンチなど他の形にも多く出てくる代表的な沖縄空手の突き。身体側面に仮想の壁を作ることで、その反動が体幹を通して拳へ集中するため、腰の捻りを必要としない分、相手に悟られない〝見えない突き〟となる。下写真はチンクチの利いた肩正面への正拳突き。

これもワンシュウから、蹴りを捌きつつ交差立ちとなっての下段振り当て。本土に渡り「燕飛」と呼ばれる形となってからは、大きく飛び込む一番の見せ場となるが、沖縄伝のそれはいたって地味な動作だ。

上の入身を逆側から見たところ。

先の逆突きで重要なのは、写真1のポジションをいち早く制すること。この位置は相手の正中線を容易に制することができるので（写真2）、例えば、足をナイファンチ立ちに変化させるだけで相手を倒すことも簡単にできる（写真3）。形がナイファンチに始まり、ナイファンチに終わる所以でもある。

1

2

3

に伝わってから人を経るごとに、どんどん形が変わってしまったのでしょう。一概に競技だけが悪いのではないでしょうが、競技によって〝人に見せる〟という行為が、そこに拍車をかけた部分は否定できない。競技の為に作り出された、いわゆる「指定形」はその典型ですね。

2 〝達人を生み出すシステム〟＝形

今野 言ってみれば、体操競技と同じです。体操そのものは健やかな健康体を作り出すものであったとしても、競技となれば、より見栄えのいい、難易度が高い動作をこなす姿に、より比重が置かれてしまう。その意味では形に限らずとも、現在トップで活躍する「空手」選手たちは、アスリートとして非常に優れていると思うんです。でも、彼らが今の形を１００年練習したとしても、そこに〝達人〟は生まれません。なぜならシステムが違うから。

昔の沖縄でやられていた形は、達人を生むためのシステムなんだと私は思っています。ところが空手が沖縄から本土に入るときに、そうした理念が正確に伝わっていないんですね。

それに加えて、空手を推進した各大学の学生やＯＢが、形や、その中の技を西洋の体育理論と結びつけたという背景もあり、本来あった武術的な要素が失われてしまった。そうした考えのもとに再構築された形が広まることで、いよいよ空手の形が持っていた〝達人を生み出すシステム〟も時代に埋もれていったわけです。

――それは例えば、突きや蹴りといった基本的な動作においても言えるのでしょうか？

今野　言えますね。例えば突きなら、多くの会派で身体の真中、正中線を突きますが、これが間違っていて、本来の古流（形）では肩甲骨の前を突くのです。だからこそ、突きにチンクチがかかるんです。

――「チンクチ（筋骨）がかかる」というのは沖縄の言い方で、言わば〝突きに威力が乗っている〟状態ですね。まさに筋骨の構造に合った突き技であると。

普通、武術で正中線は攻防の要として認識されるので、これを知らなければ、〝中心を突く突き〟こそが正しいと、何ら疑問に思わないかもしれません。確かに、これだけで全ての技術が変わってしまうかもしれませんね。

3　体育としての発展も空手だが…

――しかし、世界に互して競い合うトップ選手たちは、その正確な動きやスピード、そしておそらくパワーや気迫においても、そんじょそこらの格闘家に引けをとらない、アスリートとしての高いレベルにあることに感心させられます。

今野　本土に空手を伝えた船越義珍は伝統的な空手（唐手）の指導を受けた一方、唐手の体育としての可能性を模索し集団指導のシステムなどの近代化を図った糸洲安恒の薫陶も受けています。その教えと、本土で影響を受けた講道館の嘉納治五郎の武道理念が、人作りの体育として空手を昇華させる先駆けとなりました。そこには学生たちを指導した三男の義豪師範の影響も大きかったでしょう。

さらに当時の大学生たちが自分なりに解釈をして作っていった練習体系も加わって今日の空手になっている面が大きく、その延長線上に彼らアスリートの活躍があるのですから、一概に否定することはできません。〝空手をいかに使うか〟という命題は、空手に現在のような幅広い多様性と拡がりを与えたのも事実でしょう。

ただ、その多くはルールの中でいかに高いパフォーマンスを発揮するかということであり、若く、体格なども含む〝才能〟に恵まれた者が頂点を目指して競い合う、「空手」と名の付く新たなスポーツを生み出したということに過ぎません。

――先生の言われる「達人を生み出すシステム」というのは、そうした若さや才能に左右されない……左右されにくい体系であるということでしょうか。

今野　そうです。もちろん、沖縄の先達たちがそうだったように、形を行うことが体を鍛え、筋骨を逞しくしていく作用もありましたが、その中には空手独自の戦闘理論、どのように戦うべきなのかといった、まさに〝空手そのもの〟が込められているのです。

４　沖縄にあった昔ながらの形

――今野先生はこれまで沖縄へ自ら何度も足を運び、伝統の空手を発掘されてきました。

今野　はじめて沖縄へ行ったのは１９８０年代ですが、幸いなことに当時はまだ、昔の喜屋《きや》武《ん》朝徳や知花朝信といった先生方に直接学ばれた先生が御存命でしたし、まだまだ昔ながらの鍛錬法を守り続けている先生方がいらっしゃいました。

――昔ながらの鍛錬法というのは、何か特別な方法が行われていたのですか？

今野　いえ、やり方は同じです。要するに、昔ながらの形が行われていたということですね。ただ、沖縄でも現在は全空連傘下の県連（各都道府県空手道連盟）の一つとして多くの空手人が試合に出て活躍されています。ルールがあれば、その中で勝つための技術が求められ、それが発展していく。それは競技というものの宿命で仕方がないのですが、オリンピック参加も決まり、今後は沖縄といえども伝統が生きながらえていくのは相当厳しいだろうと思います。

――その一方で剣道や柔道など、現代においても武道とされるものには総じて「形」が存在し、いわゆる組手（地稽古、乱取り、等）と形は車の両輪とは言われるものの、特に若い実践者のほとんどは形に熱心とは言い難いと思います。空手だけが、早くから形を競技としたことで、若くしても様々な形に触れ、実践する機会を得られています。

今野　そうですね、それは空手にとってもけっしてマイナスではなかったと思います。これが組手競技だけになってしまうと、空手がますます本質から離れたものになっていくことは容易に想像できますから。

また、もちろん形競技に限らず、努力精進の末に競技で成績を残していくことは素晴らしいことです。私自身、そうした目標のもと、空手に汗を流した時期を経て、現在があるわけですから。

――問題なのは、空手競技がメジャー化すればするほど、〝その姿こそが空手である〟と限定されてしまうことでしょうか。

今野　空手を通じてアスリートが増え、空手人口も増える。それは空手にも、現代のスポーツ界にとっても良いことだと思うのですが、形競技があるが故に、そこで行われている形が正しくて、他のものは正しくないということになってしまうと、これは逆に怖いことなんです。

特に、比べられると、見た目にカッコ悪いですからねえ、元々の形というものは（笑）。

――なんでカッコ悪いんでしょう？

今野　いや、カッコ悪いというより、地味なんですよ。最初に申し上げたように、元々、形には「見ても分からない」という要素が備えられる必然があった。人に見られてはいけないもの、見られたくはないものだったわけですから。

――一方、試合至上主義とも言えるフルコンタクトの試合競技を重ねた空手選手の多くが、現在、壮年層だけでなく比較的に若い層に至るまで、本来の空手の形を模索するようにもなっています。

今野　私のところにもフルコンタクトの大流派に所属しながら、習いに来ている方がいます。

――競技空手全盛期には形不要論といったものまで囁《ささや》かれましたが、今、空手は「形を遺した」おかげで、再び一つにまとまることも可能となっているようにも思えます。

今野　本来の空手が伝えた「形」というものが持つポテンシャル、その広大な裾野を一競技に押し込めてしまうのはあまりに惜しいことだと思います。

オリンピック参加を通じて、今後、空手はかつて経験しなかった注目を浴びていくと思いますが、その中にあって少しでも〝本来の空手の姿〟へ目を向けようとする空手人が育ってくれることを願っています。

第5章

達人が解く型の本質 型は闘いである！

少林流空手道　太気至誠拳法……岩間統正

文◉加藤聡史

1　本土に残された沖縄空手の原型

今や太気拳の大家として世に名高い岩間統正師だが、太気拳と出会う以前から修行していた少林流空手道の最高師範としての顔も持っている。

少林流空手道の道統は、チャンミーグヮーの異名で知られる伝説の達人・喜屋武《きゃん》朝徳《ちょうとく》から奥原文英を経て中摩曠《はるか》家元に伝わったもので、三大系統である首里手・那覇手・泊手《とまり》の要素を併せ持ち、中国武術の影響も見られる非常に貴重なものだ。

本章では、岩間師と同じく少林流空手道最高師範である伊藤幸夫師にもご同席頂き、本土はもとより沖縄でも希少になりつつある古伝の型が、そのまま伝える本来の意味と極意を訊いた。

「空手の型というのは、理想を求め最高の武道とは何なのかを考えてやるものなのです」と岩間師。それを突き詰めれば、そもそも原点に戻る必要がある。沖縄の人々はなぜ型を作ったのか。沖縄には土着の手《ティー》という武術があり、中国の南派拳術と混交して唐手となったという歴史がある。公相君《クーシャンクー》などは型を伝えた人物の名前であるし、地名のついたものも存在する。自分や家族の身を守るため夜間の庭先などで人知れず稽古する、極めて地域的かつ個人的なものであったろう。

岩間師は言う。「一人稽古というものは相手がいないから不十分なのです。だから相手をイメージする必要があった」と。一人稽古の弱点を補うため、最大限に意念の力を働かせる。それが

岩間 統正

Iwama Norimasa

1945年、茨城県生まれ。中央大学法学部卒業。幼少期より武道に親しみ、中学から剣道を始め、高校では柔道部に所属。大学在学中から、太気至誠拳法（太気拳）創始者・澤井健一宗師のもとで太気拳を学び始める。宗師に「気が出た」と言わしめた唯一の太気拳士。実生活では長年お茶と健康食品販売会社（駿河園）を経営する傍ら、澤井宗師より最高位の十段範士を許され、数々の他流試合をこなしながら、後進の指導に当たり、ヨーロッパでも太気拳を教える。少林流空手道最高師範。囲碁八段。VHS『獣の闘気 太気拳』『岩間統正の実戦太気拳』（福昌堂）。代表作DVD『実戦！太気拳五輪書』・『神技！太気拳 第1～3巻』。著書『生きること、闘うこと 太気拳の教え』（リメイク版）（BABジャパン）

◉太気至誠拳法仏子研修所
TEL：090-3497-2376
◉映像で見る 太気至誠拳法 岩間統正の全て
http://taikishiseikenpo.com/
◉少林流空手道・太気至誠拳法
「心技館」ブログ
https://ameblo.jp/dialogo/

型の起源であった訳だ。治安も悪く、夜盗も多かったであろう中世から近世にかけての命がけの状況下であるから、稽古も自ずと必死になる。そうした中で、型は一つひとつの動作が完全に無駄なく洗練されていった。

中国武術には動物の動きを模した拳法が数多存在する。とりわけネコ科の動物、豹や虎などは戦闘時に身体全体が強靭でしなやかに連動して動いている。空手の型も本来そのような動きを身に付けるべく行われていたはずだが、競技化・スポーツ化の影響により、見栄えや極めが重要視されるようになり、本来的な型の意義からは次第に逸脱していった。

かつて岩間師が自然門の謝《しゃ》炳《へい》鑑《かん》老師に空手の型のビデオを見せた時、謝老師は「空手には少し身法が足りない」と言ったそうだ。ここでの身法とは全身が連動したしなやかな動きを指し、「型は不自由で固い人間が本来の獣の闘い、四つ足の獣にどれだけ近づいた動きができるのかを訓練するものです」と岩間師は語る。

2　型は探手である

流派にもよるだろうが、空手には幾種類もの型が伝わり、それぞれが多くの動作を含んでいる

▲知る人ぞ知る隠れた達人であった、少林流空手道先代家元・中摩曠師範（右写真）。「岩鶴」の型を演武する、若き日の岩間師範（左上写真）。伊藤幸夫師範（心技館）と岩間師範、共に少林流空手道最高師範のツーショットだ（左下写真）。

訳で、しばらく練習しなければすぐにあやふやになってしまうのが人間の性だろう。「次の動きはなんだっけ？」などと考えていたら、とても型の完成度を上げるどころではない。岩間師は言う。「だからこそ、身体が完全に覚え、無意識に動けるというところがスタートラインです」と。

さらに空手の型は歩幅も精緻に定められているため、演じ終わった時に出発点に戻っているのが理想だという。精密に定められたものだからこそ、質的向上を図るためには正確に身に付けなければならないのだ。

中摩曠家元はその型の細部に至るまでを岩間師に伝授した。「家元は私を見込んで、個人指導みたいな形でした。アルバイトに連れていかれた時は、車の中で手形における指先の要点を教えられ、昼休みが終われば『型をやりなさい』と言われ、ずいぶん可愛がられました」と語る岩間師。家元の岩間師に対する期待の程が窺えようというものだ。

入門当初の岩間師は、「空手はとにかく拳を鍛え、それで相手を叩き潰せば良いのだ」程度に考えていたというが、家元の指導は掛け手の際の指の使い方一本一本に至るまでこだわったきめ細やかなもので、岩間師も大いに感じ入るものがあった。

現在、岩間師は太気拳も空手も表現の仕方が異なるだけで、身体を使って闘うという本質においては同根のものであると考えており、二つの武術は岩間師の中で不可分のものとして存在している。

だが、型を持たない意拳の流れを汲む太気拳の立場と型を大事にする空手家の立場とは両立するものなのだろうか。「半月《セイシャン》も公相君も、型の動作には順番がありますが、それらを何百、何千とやれば無意識に踊るようになりますよ。体が自動的に動いてくれる。そこまで行くと、型がいくつあろうと同じです。一つひとつの動作は、その一瞬一瞬が目の前にいる相手との闘いだからね」と岩間師は言う。

人に見せることなど度外視し、あくまで戦いの本質を忘れずに型を行えば究極的には同じことになるのだ。「太気拳の探手（シャドーボクシング）も空手の型も一緒です。太気拳には練《ねり》という練習がありますが、これも単に体を練るだけでなく、相手の攻撃を仮想した探手の要素を含んでやるべきものです。練は練、探手は探手ではいけません」

常に目の前に最強の敵が存在すると想定して稽古や型をするなら、同じ時間、同じ稽古を行っても成果は全く異なったものになるだろう。

3　型を覚えて型を忘れる

型には見栄えの良し悪しとは別に、「ここぞ」というような動作がそれぞれに含まれているという。そして、その箇所こそ最も心を砕いて稽古しなければならない。それらの本質を捉えた上で、「最終的には型を覚えて型を忘れることです」と岩間師。

本質的な部分を完全に理解すれば、最終的には型から解き放たれた自由な境地に心身は遊ぶことになる。道を志すならば、いつかは辿り着きたいステージだが、当然一朝一夕にはいかない。十年一日のような地道な稽古の積み重ねが必要となる。

「中摩曠家元が弟子の稽古を見て、『上手になりましたね』と声を掛けている時は〝まだまだ〟なのです」と伊藤師。本当に上達を認めた時は、「では、〜をやりましょう」と次の段階を教えてくれたとのことで、安易な促成を戒めるような稽古哲学を感じる逸話である。

また、少林流は型そのものも非常に特徴的だ。松濤館流や剛柔流といった代表的な空手流派の特徴を併せ持ったような趣を持っている。その点に関し岩間師は、「喜屋武朝徳は首里と那覇と泊の空手を合わせ、理想の空手を作り上げたのです」と説明された。突きに関しても、一般に見られる空手の突きより肩を入れ、より深く突き込むのが特徴的だ。

太気拳の代表的指導者として高名な岩間師だが、空手も岩間師自身の武を形成する重要なピースである。太気拳創始者・澤井健一宗師は、入門希望者には空手や柔道……なんでも良いので何かしらの黒帯を取ってくることを求めたというが、岩間師の場合は少林流空手道が立派な土台となったのであろう。

岩間師によれば、空手の型自体が身法の稽古となっているので、従来の太気拳の稽古だけでは若干不足気味になる、身法や蹴りを補うこともできるという。いずれにせよ完全無欠な武術というのは存在せず、修行者自身が無駄のない稽古を追求し続けていくことが大事になるのだろう。

また、常に眼前の敵を意識して行うとは言っても、型は最大公約数的な動作を集約して構成されているので、制約のない組手などで使用するにはアレンジも必要になる。

さらに空手の型はまぎれもなく戦闘の訓練ではあるが、素晴らしい型を演武することによって人の心を打つことができるという、芸術的な側面があることも岩間師は語った。闘いを通じて極限まで人体の可能性を追求した空手には、確かに人の心を震わせる何かがある。だからこそ、今も世界中から多くの人々が日本を訪れては本場の型に触れ、時として長期にわたって教えを乞うようなことが引きも切らないのであろう。

4　少林流空手道の型の本質

では、武術家の心を打つ肝となる動作は各型のどこに含まれているのか。実際に岩間師、伊藤

半月《セイシャン》

少林流において最も基本となる型であり、その肝は足運びにある。

蹴った後につま先から着地する

前蹴りを放った後（写真1）、その蹴り足を雑に下ろさず、つま先から着地させる（写真2～3）。これによって体が安定し、次の動作（突きなど）に重みが出る。

足元の拡大図。蹴り足を最後までコントロールし、つま先から着地させる。

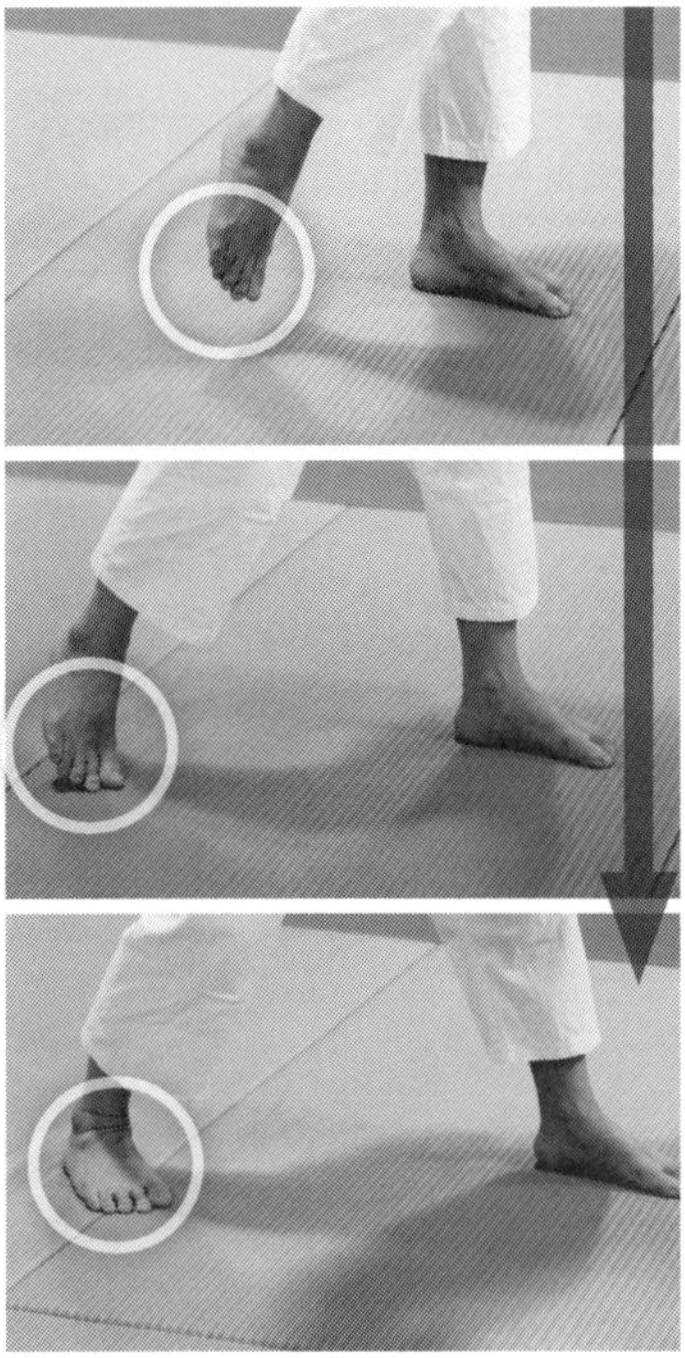

内側に半円を描く足運び

荷を運ぶ馬が体を左右にゆするように、つま先から内側に半円を描きながら足運びを行う（写真1〜3）。この足運びが「半月」の名の由来でもあるという。

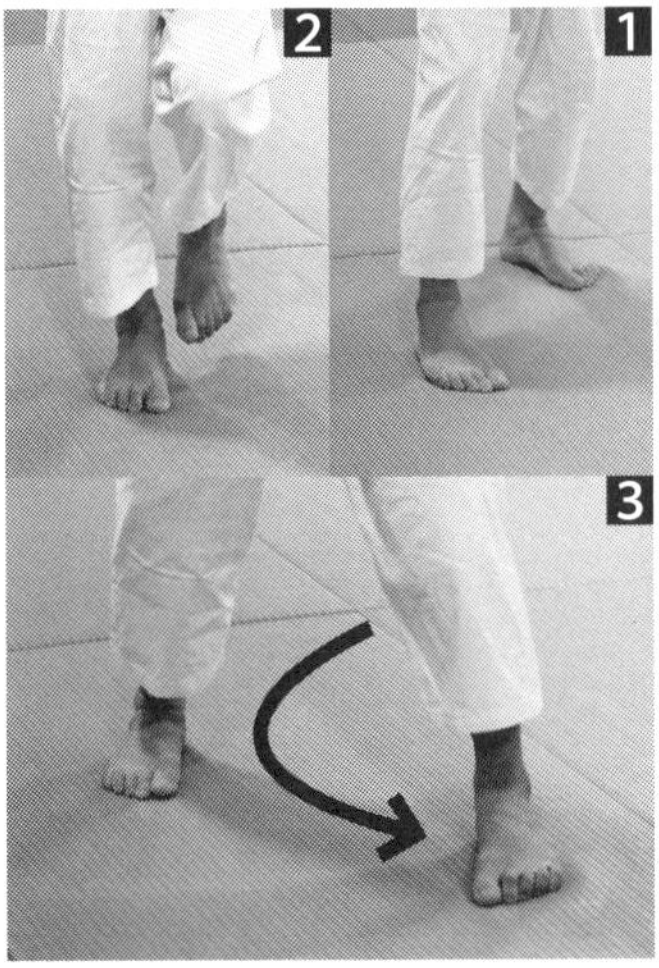

足元の拡大図。左足がつま先から内側に半円を描いている（写真１〜３）。

半月が生む推進力

「半月」の足運びが正確にできていれば、後ろから帯を持たれた状態からでも容易に前進することができる。

岩鶴《チントー》

鶴のように一本足での動作が特徴的な型。
この型のポイントは諸手の動作と全身の協調だ。

一本足になりながら、肩から体幹を繋げ、全身を使った動きで横から払って下に引き落とす。その趣は太気拳ともよく似ている。

5

6

7

8

公相君

クーシャンクー

跳躍や伏せも含むダイナミックな型。
目の上にかざした手には、月光を遮るという意味がある。

型の冒頭の両手で円を描く一連動作（写真1〜3）。岩間師のそれは、写真2でゆっくり円を半分ほど描き、そこから素早く下ろして写真3となり、流れるように次の動作へと移行する（写真4〜5）。各動作の「間」こそが公相君のポイントである。

師に演武してもらい具体的な解説を願った。

まずは半月。「この型の肝はまさに歩法そのものにあります」と岩間師。荷を運ぶ馬が身体を左右にゆするように、つま先から内側に半円を描きながら足運びを行う。体の中心に力を集約するこの歩法は、足をただ前方へ運ぶよりはるかに強い推力を生む。上体の動作に目を奪われがちだが、足元を見れば半月を身に付けているかどうかは一目瞭然だという。また前蹴りから蹴り足を下ろす際、つま先から着地させることで体が安定し、次の動作に重みが出る。

続いて岩鶴《チントー》。岩の上に立つ鶴のように一本足での動作が特徴的な型だが、この型のポイントは諸手の動きと全身の協調だ。悪い例としては手先の動きのみに留まってしまうこと。肩から体幹を繋げ、全身を使った強力な運動として横から払って下に引き落とすからこそ相手も崩れるのだ。その動きは、一見すると太気拳そのものと感じるほどによく似ている。

公相君の型は競技空手の演武試合でもよく演武されており、跳躍や伏せなど派手な動作が目を引くが、「最も大事なのは間です」と岩間師。型の冒頭の両手で円を描く一連動作に秘められた緩急と時間間隔である「間」こそが、この型の最重要ポイントとなる。公相君をやり込むことで、古の武人たちは実戦における重要なファクターである「間」の感覚を我が身に刷り込んでいたのであろうか。月光を遮るために手を目の上にかざす動作も、深夜に庭先で稽古していたという過去の沖縄の空手文化を偲ばせて興味深い。

最後に抜塞《パッサイ》。大きく伸びやかな突き蹴りが印象的なこの型も、最重要点は中盤に現れる掛け手の部分。蜘蛛が獲物を捕食するように、体全体を使って相手の突き手に上肢を絡めていく。岩間

抜塞《パッサイ》

大きく伸びやかな突き蹴りが印象的な型だが、その要点は中盤に現れる掛け手部分にこそある。

さながら蜘蛛が獲物を捕食するように、体全体を柔軟に使って相手の突き手に上肢を絡めていく。

掛け手の要は中指にあり

掛け手（左写真）のポイントは中指であり、ここを中心に相手の突きを絡め取る（右写真）。これについては岩間師も家元からよく指導を受けたという。

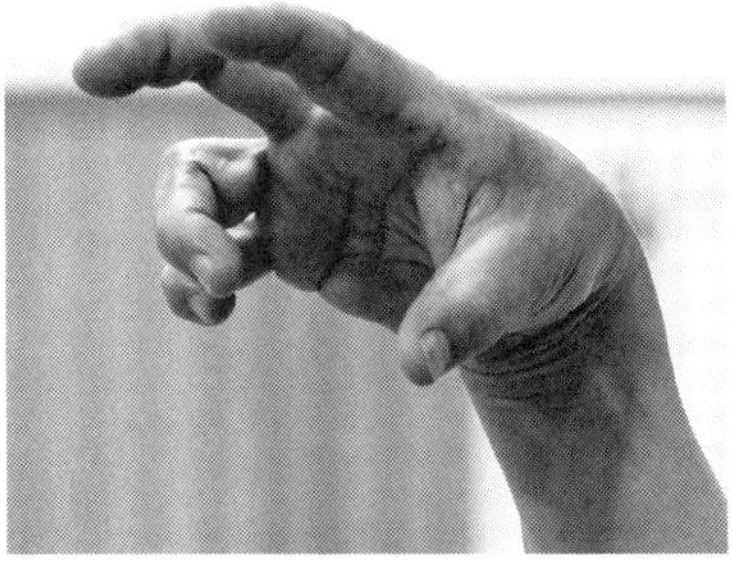

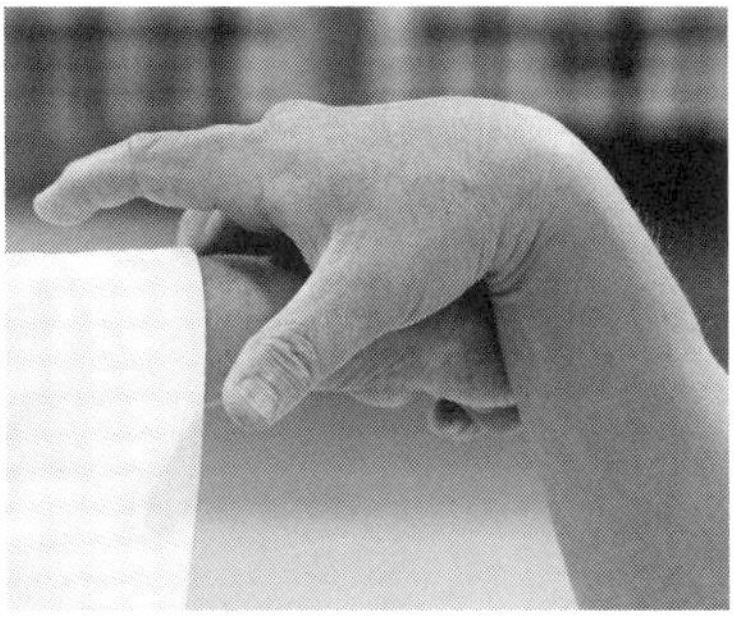

「抜塞」における型分解の一例

相手の上段突きを前手の掛け手絡め取り、瞬時に引き込んで崩す（写真1～2）。さらにそこから突き手の裏を取り（写真3）、そのまま接点を切らずに一気に歩を進め、相手の右脇下に肘打ちを叩き込む（写真4）。

師、伊藤師の演武するそれはまるで捕食生物の動きであり、滑らかかつ締め込みは強く、絡められたら最後といった趣がある。

5 「岩間さん、私を超えましたね」

岩間師は太気拳に専念するため、少林流から離れていた時期があったが、ある時、家元から呼ばれて門弟たちの前で型を披露するように求められた。ブランクがあったため型の正確さが落ちている自覚があった岩間師は、開き直って当時最強の好敵手だったヤン・カレンバッハ師との闘いを想定して演武を行ったという。

型の乱れを指摘されるだろうと思っていた岩間師に家元が掛けた言葉は「岩間さん、私を超えましたね」。それはまさに型を覚えた上で型を忘れ、最強の相手を想定し魂を込めた動きを示した岩間師が、家元の求めた型の本質を得た瞬間であった。

本章の関連動画を、WEB秘伝「動画ギャラリーコーナー」にて公開しています。下記のQRコードからもアクセスできますので、ぜひご覧ください！

第3部

居合編

第6章

「型」の身体運用学

民弥流居合術 振武舘……………………黒田鉄山

1 型に特徴はない

当道場では五つの武術を伝承、稽古していますが、これらの型すべてに、いわば特徴はありません。特徴がないと言っても、一流一派を名乗っているからには、それなりの所作というものはあります。柔術で言えばたとえば拳を多用するとか、蹴りが多い、逆技、関節技に優れているとか、そういう特徴はあるかも知れません。しかし、そのような表面上の違いに、どれほどの意味があるのかということです。

型の上で拳を使うとか蹴りを使うというのは、あくまでも身体を動かしていく行程にしか過ぎません。例えば実際に相手が拳で突いてきた場合、それをどう受けるかといったことには、どんな流派でもそれほどの差はないはずです。どれだけ流派があろうと武術の原理というものは一つです。理にかなってなければやられてしまうだけです。

型は手順のみを示しているのではありませんし、また、実戦でどう敵に対処するかという方法を示しているわけでもありません。相手がこうきたらこの形で受けるなどという型の使い方はないのです。大体、実際に命のやり取りになったら、型通りに動く必要はありませんし、また動けません。

黒田 鉄山

Kuroda Tetsuzan

振武舘黒田道場館長。1950年埼玉県生まれ。祖父泰治鉄心斎、父繁樹に就き、家伝の武術を学ぶ。民弥流居合術、駒川改心流剣術、四心多久間流柔術、椿木小天狗流棒術、誠玉小栗流殺活術の五流の宗家。現在も振武舘黒田道場において、弟子と共に武術本来の動きを追求し続けている。

振武舘黒田道場
〒337-0041
埼玉県さいたま市見沼区南中丸734-55
（お問い合せは書面でお送り下さい）

文久二年（1862）、黒田正好師範が発行した民弥流の伝書（黒田鉄山所蔵）

では型は一体何を示しているか。それは術技としての身体の使い方です。その型の通りの順序と所作で身体を動かそうとするとき、術者の動きが術技立てられたものになるにはどうしたらいいか、その要求を型が示している。この観点から型を見ると特徴というものはなくなってしまうわけです。

2　右手で刀を抜かない

型が要求するものを居合を例にとって説明をしてみます。当道場の居合の第一本目の型は、右手を謬着させたまま刀を抜くというものです。では、この刀を抜くという動作に対し、型が一体どういう動きを要求しているのか。そこのところを考える必要があります。

単に刀を腰に差して右手でひっこ抜くだけのことならば、素人だってできるわけです。居合術とはご承知のように、刀を抜くということのみに集中して作られた体系です。その居合術が右手でひっこ抜けるという程度で終わる訳はないのです。刀を抜いて錬磨していく、その過程で要求される身体の動きがあるはずです。

では、居合の一本自の右手を謬着させた型、これが何を語ろうとしているのか。この部分では、右手で刀を抜かない身体の使い方というものが示されています。

刀を右手で抜かず何で抜くか。これは体捌きで抜きます。具体的にいうと、右手を固定し左半身の動きで一気に抜ききるという動きを型は要求しているのです。第一、あんな重い刀を右手だけで抜いて人を斬ることができると思いますか？　斬撃力を出すためにはそのための体捌きというものが必要なわけです。だから右手を使わないで刀を抜くということを身体に染み込ませる。それが居合術という体系です。

ただ、膨大な学問である居合術の中で、いきなり右手で抜かない稽古をしろと言っても、それはそういうことを示している型がない限り不可能なのです。だから武術は型が全てなのです。型というのは自分の身体を精妙に使いこなすためのカリキュラムであるわけです。

民弥流居合術　一本目

真之太刀

――柄を地に向けた体勢（写真2）は、〝右手で引っこ抜く〟ことを許さない。〝右手で抜かない〟体動こそが要求されている。

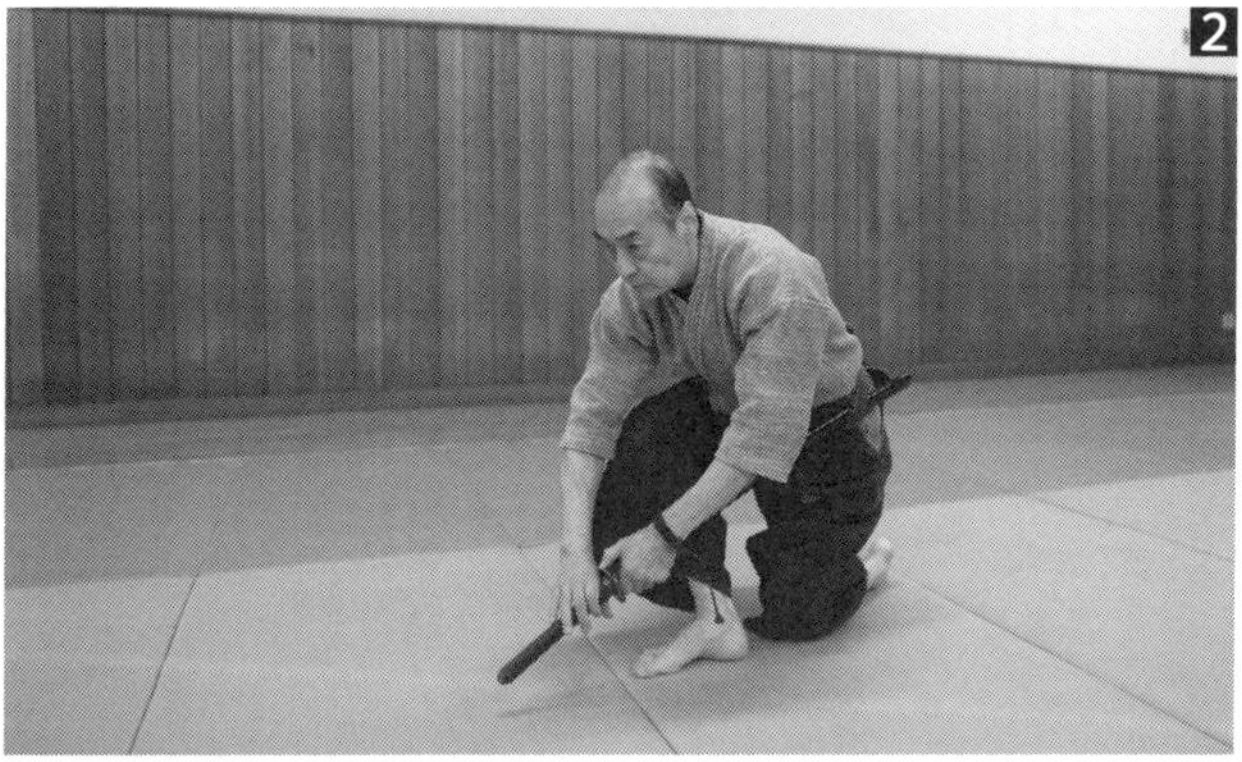

4

5

6

振武舘伝承武術の一つ、四心多久間流柔術。

3　型の要求に応える

私の居合を「速い」と評されることもありますが、何も特別なことはしていません。型稽古だけをやってきました。だからこそ型を形骸化させずにいると思います。見た目がうまくいくようにだけ考えていたら、型は形骸化してしまいます。形骸化した型からはもう術技力は発揮されない。いわば死んだ型です。生きた型には必ず要求があります。その型が何を要求しているのか、それを自分で意識してやっていかなくては駄目なのです。

柔術や剣術は相手と相対して型を学びますから、自分の技術の習熟度は、相手の状態や助言によって分かります。だから自然と相手を大事にすることを学ぶのです。その点、現代の競技化した武道では、日々の稽古がそのまま精神修養とはなりにくいような気がします。

それはともかく、居合の場合は刀が稽古の相手となるのです。型の要求として肘の角度とか腰の位置など、実はそれこそが一番大事なものなのですが、このときは肘はこう腰はこうだという要素があり、それに従った上で「抜ける」ということが要求されるわけです。難しく言えば型を学ぶということは、心体と剣体を一致させることなのです。

〝どうもうまく抜けない〟〝ここがひっかかってしまった〟〝ここが見えてしまってはいけないのではないか〟そういう失敗の連続をしながら型の要求を身につけていく訳ですが、これは私にとって大変でした。いつになったら抜けることやらと、時には他人事のように考えてしまう時もありました。

4　〝動きが消える〟

型が説く体の使い方、というのはいわば真の技とは何か、一体どういう動きができたときに技と呼べるのかということになります。例えば空手の一般的な上段突きがありますよね、踏み込んでピシッと突いた。これは果たして技なのかということなんです。

上段突きを2通り行ってみます。1つには踏み込んでビシッと突く。もう1つには、身体の前進と同時に突きます。

前者の方が力強く素早く見えると思います。でも、拳の軌跡を目で追うことができると思います。後者の方はややゆっくりに見えると思いますが、身体の使い方としては無駄がありません。そして動きは消えているのではないでしょうか。つまり、いつ拳が出たのか分からないのです。

踏み込んで突くというのは、結果的には一・二の動きです。身体が動いているときは腕は動かず、突いたときには身体が止まっている。身体の使い方としては遅いのです。拳が風を切ると言っても、それは基本的な速さにしか過ぎません。

本当の身体の使い方というものを知らない人なら、そのような突きで自信満々で突いてくるでしょう。そこで私が〝あなた全然体が動いてないですよ〟と言ったら、その人はカルチャーショックを起こしてしまうかもしれません。でもそこから脱却するためには、とりあえず自分のこれまで学んできたことを、一度全部捨ててしまう必要があります。本当の稽古というものはそこから始まっていくのです。

5 順体法と無足の法

稽古としてどのようなものを行っていくか、ですが、結論から言えば、全ての動作を身体全体で行うということであり、これを当道場では「順体法」と呼んでいます。ただ、この順体法も段階がありまして、書道でいえば楷書、行書、草書とあるように「真の順体法」「行の順体法」「草の順体法」とがあります。これについて居合で説明してみましょう。

民弥流居合術表之形には最初の三本として「真之太刀」「行之太刀」「草之太刀」というものがありまして、これによって右手で抜かないということを徹底的に学びます。右手で抜かずに、身体の開きと左手の送りとによって抜くのです。しかし手が先に動作を終わってしまったり、腰が先に動いてしまったりしないよう注意します。

一本目の「真之太刀」では抜き付けの際、身体の開きと左手の送りが五分五分の動きをします。「行之太刀」に進みますと、この割合が変わってきます。身体と太刀との動きは四分六分にも三分七分にもなってきます。「草之太刀」ではその割合は更に小さくなり、身体と太刀の比率は二分八分、一分九分にもなってきます。

一文字腰

結果的にはどうなるか。動きは小さく鋭くなり、左半身の僅かなよじれだけで太刀を抜くことが可能になってきます。そして、本来右に対してどうしても遅れがちだった左半身が迅速に動くようになってくるのです。

型が段階を踏んで導いてくれる構造になっています。また当道場で伝承している四心多久間流柔術には、足捌きに関するもので「無足の法」というものがあります。これは例えるならばマラソンの理想的な走り方と似ています。

以前テレビであるマラソン選手の方が「マラソンの最速で最もエネルギーの消費量が少ない走り方は、腰から倒れこむようにして走る方法だ」と言っていましたが、なんのことはない、これは「無足の法」じゃないかと思いましたね。

半身に構え腰から倒れこむようにしていけば、足はいつ出るかは分かりません。要するに、身体のどこか一部分が導く〝どっこいしょ〟という動きではない動き、それによる移動が可能になります。これも足で移動せず、身体全体で移動するということなのです。

当道場では一文字腰と呼んでいますが、剣術にしても柔術・居合にしても半身で腰を低く落した姿勢をとります。単にこうした姿勢をとっていたのでは、どうしても〝居つく〟ように思われますが、武術で居ついていたら話になりませんね。移動できない。攻撃できない。防御できない。しかし実際は「無足の法」を使うことによって、一文字腰などの腰を低く落した態勢からも迅速な移動ができるのです。

6　抜かずに相手を制す

こうして身体の使い方を学ぶことによって得られるものは、全く無駄のない動き、一つで全部の動きをやってしまう「一調子の動き」というものです。居合で言いますと「無足の法」を使ってフッと足が前に出たときには、右手で抜かないということが基本となって身体が捌かれ、鯉口を離れた切先はすでに相手に届いている。これが「はなれの至極」と呼ばれる一調子の抜きです。

こうなると単に早抜きという段階ではありません。また、ここまで来なければ、居合の最終目標である〝抜かない〟という段階まではいきません。居合ではまず抜くことを徹底的に学び、そして最後には抜かない境地に達するのです。

居合というのは状況の逆転です。古今東西、刀というものは抜いた持点で初めて威力を発揮することができる。それに対して居合というものは、鞘の中にあることで威力を発揮するという運動体系なのです。鞘の中に入っているからこそ、抜身を振ったとき以上のエネルギーを得ることができるのです。

相手は抜身を構えて立っている。こちらの刀は鞘の中です。どう考えてもこちらが不利に見えますよね。ところが、こちらは刀を鞘に納めたままで相手をコントロールしてしまう。それは何故か。踏み込んだときが最後だというのが相手に分かるからです。それを相手に倍らせるだけの技量があって初めてできることですが。

居合に限らず何でもそうですが、一調子の動きというものは起こりが読めない。起こったときにはもう動きが終わっているのですから。だから絶対に防げません。だからこそ、昔の人たちは「武術に先手なし」と言っていたのですね。先に手を出せばやられるというのが確実に分かるわけです。

超高速の動き①　日本舞踊の武原はん

7　「超高速の動き」

私がその動きに感銘を受けるのは、一人は武術ではありませんが、日本舞踊の武原はんさんです。この方の踊りは非常にユックリと、しっとりとしていますが、超高速の動きです。超高速というのは物理的・時間的なことではなく、身体の使い方という点です。実に無駄のない動きをしています。

女座りで座っていて、ユックリと向き直る。その時にはすでに膝だけが立っており、そしてフッと立ち上がる。これでいつ向き直ったのか、いつ立ったのか、と言われてもさっぱり分からない。動きにひずみが全くないので

超高速の動き②　本部御殿手　上原清吉

す。足で「立って立たない」立ち方です。あの方の動きは武術的に見たら超高速の動きです。

もう一人は本部御殿手古武術の上原清吉さんです。あの方の動きも順体法です。素手の攻防の写真を見ても、拳だけで突かずに、拳を膜につけたまま身体全体で突いています。これも「突いて突かない」動きだと言えます。これはすごく速い動きです。

また上原さんの歩みは、スタスタと実に簡単に歩いているように見えますが、これも足では歩いていません。全身を使って歩いています。

と言いますのは、足を使って歩きますと、どうしても左右に多少の揺れがでてしまうのです。ひずみとでも言いましょうか。当然のこととしてそこに隙が生じてきます。ところが左右の揺れは一切なく、正中線が保たれたままこちらに歩いてこられたら、これは技をしかける側にしたら嫌な動きです。隙が全くありませんから。また、そういう歩きをしているからこそ、あっという間に相手の死角に入れるのだと思います。まさに、そこに「居て、居ない」動き、いつでも瞬間的に方向・重心を変えられる動きです。

この上原さんの動きをグッと遅くしていくと武原さんの動きになります。どちらも全身を使っているからこそできる動きだと思います。このような極意に達した人の動きには、どんな武術であっても一緒で、例えば居合の身体の使い方で柔術に対しても、全く同じ動きで相手が崩れるのです。

8　居合も柔術も同じ

身体運用法ということでは本質的にはどんな武術であろうと一緒です。柔術にしろ、居合にしろ、剣術にしろ、どんな武術だって尻を突き出してノタノタ歩けとは言っていないはずです。正

民弥流居合術　五本目

（『居合術精義』（壮神社）より）

柄取（第一～第二動作）

相手が胸倉をとって前に引倒してきたところ、柄頭を床につけて抜刀する。

中線を崩さない。尻を振らない。だから柔術をやっていても居合の稽古にもなるし、また居合の稽古が柔術・剣術の稽古でもあるのです。

例えば「柄取」という居合の型では、柄頭を床につけて抜刀します。これには型の上では受けがついており、相手が胸倉をとって前に引落してきたのを、柄で支えて抜刀にて手首を斬るというものです。しかし型の上で受けが胸を取っているのは、相手に動きを見せずに抜刀することを学ぶためで、実際には相手がツカツカとやってきて胸倉を掴むまでこちらが待っているはずはありません。

これが術技立てられた動きになるとどうなるか。手前に引かれたときはカーテンを引いたかなと思うくらい軽くフッと馴染んでいく。これは相手にしたら一番嫌な動きですよ。そして動いたかなという時にはすでに相手の手首を斬っている。これが術技としての動きですし、型もそれを示している訳です。

これが柔術となると、胸倉を取ってきた棺手の柔らかい手首を一体どうやってはずすか、柔らかい腰をどうやって崩すかということになる訳ですが、それが崩せるのが本当の型であり身体の動かし方なのです。そうなり得ないようでは駄目なわけです。

9　生きた型を伝える

型とは身体の運用法を学ぶカリキュラムであり、それによって術技立てられた極意の動きが可能になる、ということです。動作の順序だけなら何回もやれば誰だってできます。でも、武原さんのようなスウッという座って座らない動き、上原さんのような、突いて突かない、歩いて歩かない動きというものは、型を抜きにしては絶対に修得はできません。

ただそれには、まずその動きを要求する型があり、その型を使って身体の使い方を言葉で言い表せるということが必要条件になります。型を理論として伝えられない限りは教えることは不可能ですし、それをいま一所懸命にやっているわけなのですが、やはり一つのことを伝える困難さというものを実感しています。

こうして考えると、武術とは第一級の学問だと思います。芸事として、身体で物事を教え伝えていく身体文化です。しかも目録、免許というように型がきちんと段階づけられていて、その階梯を踏むにつれて極意へと導かれるようになっている。だから型の導く通りに修業すれば誰もが強くなれるのです。これが伝統文化の持つ凄さだと思います。

ですから私の場合には、先祖から伝えられた型は一切変えずに伝えているのです。型こそが技であり、型以外では極意にたどりつくことはできないと考えています。それが生きた型を生きた型として残していくことだと思うのです。

第4部

型総論

第7章

鼎談「伝統の生命『型』そこにある真実」

武道家・内功体術研究家　伊与久誠博
壺月遠州流禪茶道宗家　中村如栴
日蓮宗僧侶　戸田日晨

伊与久　本日は、武芸、茶道、仏道の祈祷修法《きとうしゅうほう》等『行《ぎょう》』の現場に居られ、その道統を伝えておいでの皆様にお集まりいただき、伝統文化が伝わってゆく中で『型《かた》』というものが一体どのような役割を担っているのかということを中心に、日頃お考えの丈《たけ》を話し合って頂きたいと思っております。

このような異色の対談を、いろいろなお立場がおありでしょうが、快くお引き受け下さいました皆さまには心からの感謝を述べさせていただきたいと思います。対談というのは、本当に難しい、簡単に考えてはいけないものでありまして、特にそれぞれが異なる分野の専門家である場合、異文化同士の邂逅《かいこう》とも、衝突ともなりうる危険性を秘めていると思います。また、第三者がこれを聴聞した時、また紙面という媒体を介して発信された時には、やはり様々な誤解や疑念を抱かれる可能

2013年10月、千葉・市川市の正中山遠壽院荒行堂で開催された「稽古の会」公開シンポジウムにて。談笑するパネラー三氏。

性もあるわけです。

しかしながら、昨今の分断化された社会情勢を鑑《かんが》みましても、あえて大胆に、互いの言葉のトランスファクターを手探って、大らかに一つの画を描いてゆく必要性を感じています。

分かりあえない、異質である、ということは、構造的にどのように異質なのか、そのうえでどういった共通の地平があるのか、理性的な目でその異同を見極めてゆくことしか、これからの文化の健全な発展は無いのではないかと考えております。

1　伝承される『モノ・コト』

伊与久　では、私から口火を切らせて頂きます。

中村 如梅

Nakamura Nyosen

インドの詩聖タゴールも学んだ壺月遠州流禪茶道宗家、NPO 法人 壺月遠州流禪茶道宗家四世兼理事長、茶の湯文化学会会員。武士の所作を髣髴とさせる独特の茶風を継承する。

伊与久 誠博

Iyoku Seihaku

武道家・内功体術研究家。張派姜氏門内家拳四代伝承人。太和躰術協会主催、日本姜氏門内功武術研究会・太極健身学舎代表師範。諏訪郡富士見町に錬誠館文武道場を開設。

先ず『型』の定義から行きたいと思います。人が人に何か体験的な叡知《えいち》を伝えようとする時、必ず媒体とする『モノ・コト』が必要とされます。私はこの有形無形の媒体を『型』と捉えているのですが……。

戸田　仏教の伝統のなかに『経文《きょうもん》』というものがあります。『念仏』とか、『題目』といったものはその経、お釈迦さまの悟りを述懐している文章の、いわばシンボルでもありエキスでもあるんだけど、これらの躰《たい》は文字からなっています

戸田 日晨
Toda Nisshin

日蓮宗僧侶。遠壽院日久上人伝授の祈祷相伝を格護する根本道場・正中山遠壽院荒行堂修法傳師。脈々三十六代、唯授一人の祈祷修法の奥義を受け継ぐ。

よね。そういう意味では何かを伝える最大の方法は文字を媒体とした形ある『モノ』ということになる。

しかし、文字というものは一見その概念を網羅しているように見えるけど、それだけだと完璧なツールではない。結構あらがあるんです。時代、地域、個人の文化的背景、男だ女だ子供だ年寄りだ……という違いで、解釈、伝わる内容に幅が出てきてしまう。だから禅宗では『不立文字《ふりゅうもんじ》』、つまり刹那《せつな》の邂逅の中に、言葉を超えた真理の伝達が行われているんだぞ、ということを重んじる。これはそのような『コト』があったということになるのかな。

私が住職をしております遠壽院《おんじゅいん》は日蓮宗ですが、宗祖の日蓮聖人は法華経という経典を、『色読した』と申された。これも文字だけではない。自分の心身を以てその教えを具現したぞ、という宣言だよね。

だから「日蓮は日本第一の法華経の行者」という自負につながる。我々の修行道も、宗祖のこの意気から始まったものです。そういう意味では『コト』という無形の要素が、伝える、伝わるという上では実は大変に重要だ、ということには共感できるわけです。

私たちが行う百日荒行の意味も、実はそこにある。厳しい清規《しんぎ》、読経《どきょう》、食事の節制、水行、短時間の睡眠……こういった一切が、ある認識に至り、英知に触れる状態を誘発させる〝見えない舞台装置〟になるわけです。その一切を護持し伝承して行くことが私たちの存在意義だと考えております。

中村　私のところでは、茶の湯《ちゃのゆ》というものが禅と不二一味（茶禅一味）であるという先人の悟りから『禅茶道』を名乗っていますが、その名前から来る印象とは裏腹に『型』、特に〝からだ使い〟については大変に専念して技を身につけてゆきます。
ある茶道家の方が当流のお手前を見て「こんなに動きに拘《こだわ》るのは茶が硬くなる」と仰いました。これは私の未熟のなせるところなのですが、私の学んでまいりました茶の湯は、極小の茶室という空間に、大の大人、それも色々な思惑を持って茶席に臨む、という生々しい人と人の出会いを想定して点《た》てておりまして、ところどころに抜刀の勢いを秘め、戸の開け閉めに至るまで躰を捌きつつ不測の事態に備えるという心構えを当然としております。

勿論そういった武張ったところだけでは無いのですが、そのように伝承されてきた形あるモノを、丹念に行じゆく中で、自然に身について来る気品というか風格が、茶席を『一座建立』成しうるか否かに関ってくる『禅定力《ぜんじょうりき》』である、と教えられました。この場合、モノによって導かれるコトというのが茶席での「出会い」なのではないでしょうか。

私はまだまだ若輩ですが、拈華微笑《ねんげびしょう》の例えのように、野の花を一寸捻《ひね》って器《うつわ》に浮かべ、悠々とお茶を頂く、そういった処《ところ》まで辿り着きたいと念じております。今はまだ鋭すぎるのですね、つくづく修業の必要を感じております。

伊与久　モノとコトを併せて『モノゴト』。何かが本質的に伝わってゆく為には文字などで表記できる部分と、それに付随する〝匂い〟のようなものまでもが一体となっていなくてはならないわけですね。

私は問題提起の時に両方を「媒体」と申しましたが、どうやらモノという媒体を通じて、無形のコトという現象が生じてくる。モノというのは時空を超えて存在するカタチあるものなのですが、コトというのは只今の関係性の中で生起するイベントなのですね。

先ほど中村さんが仰られた「一座建立」であり、武術においては敵との「闘い」、いずれも自他の出会いがある。

壺月遠州流禅茶道が伝える武家の礼法

壺月遠州流禅茶道に伝わる、かつてサムライたちが日常において気を配った〝身の処し方〟における「型」

壺月遠州流禅茶道における基本的な座礼（御辞儀）。大切なのは指先から肘までを真っ直ぐに揃えながら、無理に肘を張るのではなく、自然に両腕が丸みを帯びるような「円相」を形作ること。そのまま両手を膝頭へ進めるように上体を傾ける（写真1～3）。

1

2

3

横から見るとキレイな三角形が形作られている（写真4）。

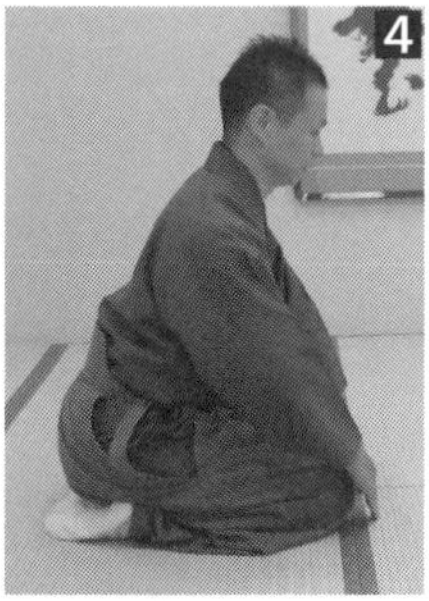

4

けっして頭を垂れてしまわないこと。常に視界を狭めることなく周囲を眼の隅に映していることで、不測の事態にも即対応できる（写真5～6）。

5

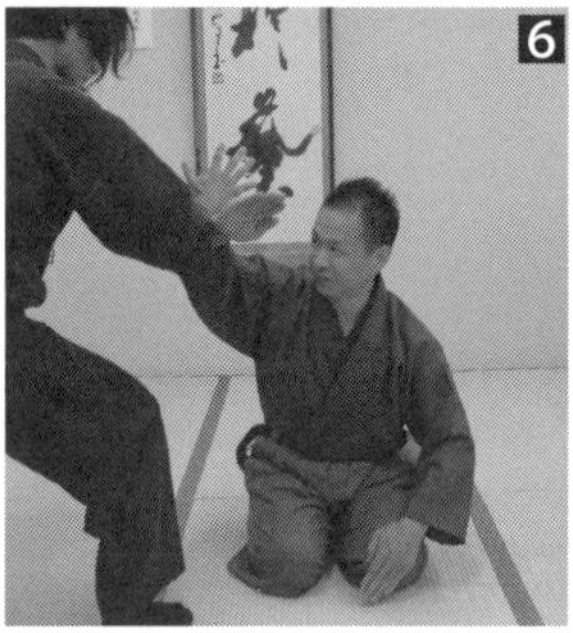

6

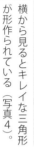

腕を張り、掌を床へ押し付ける姿は一見力強いが、案外軽く押されただけで大きく崩れてしまう（上写真1～2）。円相の状態は一名「水走り」とも呼ばれ、腕の間を勢いよく水流が流れるイメージで、少々の外圧にもビクともしない（下写真1～2）。これは武術における「気が満ちた状態」あるいは中国武術でいう「掤勁」を発している状態に非常に近似している。

また、実際のお点前においては使用されないが、下写真１～２のように、腿の上の両手を脇におろして、指先を正面に揃えるようにする深い座礼もある。この場合も面は必要以上に伏せず、掌は床との間に薄紙一枚を抑える心持ちで円相を形作る。

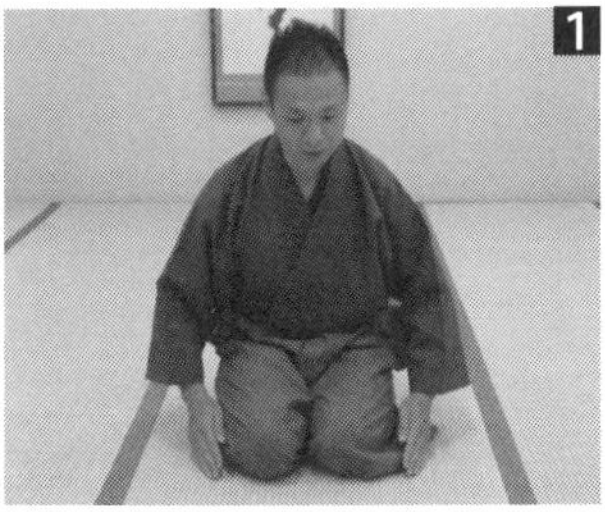

この座礼はそのまま柔術における居取の抑えにおける身体遣いに通じるものだろう。

戸田　武道も禅などの修行道とは切っても切れない縁がありますよね？　型を練って、それが自分の骨肉に染みいったら、そこからは無形の心を練ることがテーマになってくる。

技法を正確に行えるということは所謂テクニシャンとしては凄い。「凄い」んだけど、何故か人は凄いだけでは「善《よ》い」と評価をしないものです。それだけだと仏教も「仏術」になっちゃうし、武道だって茶道だって、時間と空間を超えるだけの存在として場所を与えられなかったと思いますね。確固たる構造の中から、味わいがにじみ出てくる……良い酒も熟成を繰り返しながら醸《かも》されて行くのだからねえ……。

伊与久　なるほど……小説でいえば行間にこそ作家の真意が隠されている、と言うことでしょうか。しかしながら文章のひとくだりもなければ行間は存在しない訳で、これは水墨画の空間の扱いと効果にも似て表裏一体、身体と意識、体《たい》と用《よう》とも仮託《かたく》できるのかも知れません。

戸田　何か素晴らしい「コト」が起きるような「モノ」でなくては、わざわざ膨大な時間と情熱を掛けて取り組もうとはしないですね。

今の人は忙しいし、比較できる知識もある。ラベルやブランドで買い物をするだけではなく、原材料や製造方法まで目が行き届く人も多い。型の伝承という問題も、それが本当に善きコトを引き起こす、『利く』モノなのか否かということがこれまでにも増して問われているような気がします。

茶席における中村宗家の座礼（御辞儀）。そこには一分の隙もない。

まるで抜刀のごとき呼吸で繰り出される柄杓は、まさに〝消える動き〟を体現するものとなる。

伊与久　私の柔《やわら》の師が「たかが型、されど形」と申されていたのを思い出します。型は不自由なモノですが、それを練り上げることによって、不自由を超えた融通性がえられるのだと、そういった実効性と品格を帯びた型は、「形」と申すのだとも仰っていましたね。

事実その老先生は形を極めて、高齢にも拘らず自由に得物を持った若手を雁字搦《がんじがら》めにしてしまいますし、空手の師である村上勝美先生も相手が何人であっても、あたかも演武をするように相手なされます。形から自在を練り出した名人は、武術の世界だけでなく、いろいろな分野に亘《わた》っておられますね。

戸田　そう。でもそこまでいかない人がほとんどだと思いますよ。

そういう善きコトを示せる師に出会えて、認識を変えることができた人は幸せだと思う。この道を登ってゆけば、あの山の頂《いただき》に立てるんだ――そういう思いを与えられるって本当に素晴らしいことですよ。

中村　お茶の世界でもそうですね。ただお手前の手順をおぼえて、免状を頂いたら師範……という人がたくさんいる。これだと「お茶文化保存会」にはなっても、その世界で自在に遊ぶ「茶人」をつくる母体には成りえない。「そもそもこの茶というものは何のためにあるのか、なんでこの手順なのか」といった、本源的な問いを発し続けなくては中々昔のような、人同士の出会いという素晴

伝統の「型」を超えて、そこに伝えられる無形の「コト」をこそ伝えようとした王薌斎のあり方は、むしろ「型」の本質に迫るものではないのだろうか?

らしい「コト」を興《おこ》す茶席はなし得ないのではないかなぁと思うこともあります。

2　型を超える—意拳と禅

伊与久　こと武術においては、型の伝承というものは大変な問題を抱えています。ある方は型こそすべてだといい、型があればそれで事足りるといい切ってしまう先生もおられます……。

中国武術界では「国手《こくしゅ》」と呼ばれた名人で、民国時代末期の北京に王《おう》薌斎《こうさい》という方がおられました。とにかくこの王老師、武術界では革命的な足跡を残しておられます。弱冠年を中国北方の伝統的な名拳『形意門』に学び、そのあと大河の南北を渡り歩き武者修行を重ね、各地の武術名人と勝負をし、ついには自らの一門を開くという、武術家版立志伝の典型のような方なのですが、その新しく開いた門派『意拳（大成拳）』というのが、それまで当然と考えられた武術＝『型』という等式を否定し、いわゆる身体感覚を有効に伝承させるためのメソッドをその指導理論の中心に据えたわけです。

分かりやすく言いますと、武術の肝要は何時でも居つかずに対応することのできる身体と心を作ることであって、それはいたずらに反応力を磨くような稽古をするのではなく、動くということは何なのか、という本質的問いかけから始めなくてはいけない。只管《ひたすら》立ちつくすかのような無動の型『站椿《たんとう》（立禅）』を行《ぎょう》ずる事で、武術と生活の未分の『行い』の世界を豊かにし、そこから改めて個人個人に合った攻防というものが湧いてくるのだ、というようなことを言い始めた。

中村　無動の稽古……奥が深そうですね。私たちの茶の湯も稽古を始める前、必ず禅を組みます。色々な意味があるかと思うのですが、しかし大胆な変革でしたね。色々反発なんかも有ったのでしょう……。

伊与久　そうなんです。当時の中国は、今でいう日本の明治維新前後の荒々しい変革の波に晒《さら》されていた状況と酷似しています。近代国家としてのアイデンティティを中国人が持ち始めよう、持たなくてはいけない、と自覚しながら、保守的な社会構造の中で悪戦苦闘しているような時代背景です。だいたい青雲の志を持つ傑物はこんな時代に生まれるのでしょうが、彼もそうやって叩き上げられてきた一人だったのだと思います。

多くの腕自慢が彼と手を合わせましたが、全く歯が立たなかった……と言われていますね。まあ、色々異聞側聞も有りますが、とにかく大勢に臆することなく自分の主張をはっきりと発信した、立派な人だったということが言えると思います。

この強烈な個性と説得力を持った『意拳』は、開放前の北京を席巻しました。多くの弟子はそれまで執心していた『型』を捨て、立禅と実戦さながらの組手を探求して行きました。その中には日本のお弟子さんもいて澤井健一先生と仰いますが、戦争終結後、我が国において太気至誠拳法を創始され、王老師の教えさながらに実践を以て弟子を教え導かれました。

この太気拳は、今日も直弟子の方を中心に盛んに練習されておりますが、やはり無形無動の中に核心を探求しているように思えます。

戸田　禅の示す方向っていうのは日本人の精神性が好むのだろうね。中国でも南宋の時代に禅宗が一大隆盛をして、そこに連なる禅匠たちが我が国にもこれを携《たずさ》えてきた。特に道元禅師が導入した曹洞禅は、只管打座《しかんだざ》、身心脱落といって頭で考えるだけでなく、行じて感じることができなくちゃ駄目なんだ、という教え。そして機縁を得て一気に悟りに突入する頓悟《とんご》（長期の修行を経ないで、一足とびに悟りを開くこと）の禅だそうです。

さっきの話じゃないけれど有形無形のコトの千載一遇の邂逅の中で、ふと根元的な何者かとの出会いを掴むというコトと、一脈通じるのではないかな。

でもね、その無形っていうのが曲者でしてね、我儘《わがまま》・自己完結的で、しかるべき洗錬も経ていない無形ではいけないんですよ。仏教の言説を逆に解釈すると、それこそオウム事件のような未成熟で危険な集団が出来上がっても可笑しくない表現が多々見られる。

例えば、お釈迦さまが生まれてすぐにトコトコ歩いて『天上天下唯我独尊』と言ったとか……これって解釈によってはものすごく増上慢で独善的な発言ですよ。でも、僕はこれは『確立した個』というものの素晴らしさ、本当の個性というものへの賛歌なのだと思う。

これは、お釈迦さまという人生の中で、生老病死、四苦八苦と直面して、それを抜け出る為の苦行難行を色々やって、最後に菩提樹の下で瞑想に入り確立した境地——これが今日まで僕たち仏教徒を動かして止まない源泉になっているんだけれども、じゃあ以前やっていた苦行を「必要無い」と言っている、という訳でもない。

つまり、修行は無駄だと言えばそうとも言えるんだけど、その叩き台あってこその今の境地なんだから、色々な無駄のようにに見えることも真剣にやってみることで開ける世界があるんだよ、というありがたいお言葉なんだとも取ることができる。
だから、おいら一人悟っちゃったから、あとは好きにやってね、といった『梯子《はしご》はずし』では断じてないんだよね。まあ、多くの人はその梯子だとか、梯子を上っているだけのただの人を拝《おが》み畏《かしこ》まっちゃうから「梯子じゃないよ、梯子を登るのが大事なんだよ」と、それこそ親切に言ってくれている。ほら、ブルース・リーも映画で言っているじゃない「指を見るな、月を見よ」って（笑）。

中村　そうか、指月の教えって、そんな意味も含んでいるのですねえ！
初期の経典なんかを読んでいると、同行の修行者たちが過酷な修行をやめた釈尊に反感を持つだりなんかが非常に生々しいので、なんか勝手に無用だと断じたように合点していましたけど（笑）。

戸田　そうではないんです。実際お釈迦様の歩んだ足跡と言うのは、多分に神話化されていますので、地域や時代、伝承経路によっても随分違っていますが、ただ言えるのは、お釈迦様はその個性がゆえに、常人ではなしえない苦行を成就され、成道されたということです。
機縁によって出会った諸々のモノゴトは、個性を確立した成熟した人格のみが活かすことができる、ということを語っているのだと思います。今様にいえばオンリーワンこそ貴い、ということかな。

3　型を行じて規矩を得る

伊与久　いまの戸田先生のお話で、核心的なところは全て抑えられてしまったのですが……（笑）。

難行苦行、有形の修練の話……私は釈尊の時代に果たして今のような発達したインドのヨガ行法というものがあったのかは存じませんが、（釈尊は）ご自身が王族の出身で、武芸に秀でられていたということですので、普通の人以上に身体を統制する技術に長《た》けていたのではないでしょうか。その上で呼吸を止めたり絶食したり。こういった行為は、〝心とは？〟〝身体とは？〟という問いかけ、言わば人間存在の法則性を自発的に認識しようというチャレンジだったのではないかと。そしてその『変容した心身』というベースのうえで、深化した認識といった無形の境地が現れ出てきたのではと想像しました。

卑近な例で申し訳ないのですが、私のような一凡人でさえ、身体が変わると心が変容し、心身が変容すると境地と言うか、認識が変化したという、モノを行じてコトを起こすというような経験があります。

中国近代武林で先進的な指導者として形意拳、八卦掌、秘宗拳などを伝えた姜容樵老師と、その上海における筆頭傳人であり乾女（義理の娘）でもあった若き日の鄒淑嫻老師。

先ほどの王（王薌斎《おうこうさい》）老師と同時代を生きた形意門の名人に、姜容樵《きょうようしょう》老師がいます。その姜老師に娘として長期にわたり薫陶を受けたのが私の内功《ないこう》武術の師、鄒淑嫻《すうしゅくかん》師父なのですが、荒々しく粗雑で、情緒も不安定だった私の、どこに縁を感じて下さったのか、とにかく親身に、そして厳しく、92歳の今日に至るまで教え導いて下さっています。

師父の自宅近くに住み、稽古していたころ、身体の中心に管のようなものが明確に感じられるようになったり、突然背中から脳の中に白熱した光の玉のようなものが上がったり、それに伴って全身に発疹が出たりしたことがありました。そんな中でも師父は平然と身体の法則性と、適切な薬湯などの処方をもって次の段階へと指導をしてくださいました。

師父曰く「怪力乱神を語ることは控えるべきではあるが、こういう現象も、多くは無いが有るものだ」と。

心の迷いなどと言って一蹴しないのです。お陰で伝わっている技術群への信頼度がぐっと増したのは言うまでもありません。

「そういった有形無形の経験は、畢竟《ひっきょう》『規矩（きく＝のり）』を身につける為にあるのであって、それ以上でもそれ以下でもない」と、師父は断言されていました。

私の拳門は型と言っても、攻防を想定したいわゆる套路《とうろ》だけでなく、身体の適正な運用を訓練することで、身体の中に存在する法則性を導き出す『内功』の組合動作を多く含むのが特徴で、内功が深まってゆくにつれ、人体のデザインを有効に活用するための外せないセオリーが自得され始めます。これがいわゆる『規矩』です。

中村　興味深いお話ですね。茶の湯においても動きの道理というのは厳然としてあるわけですが、これは個人的にはお能や武術の所作にも通じる法則を感じています。
特に『稽古の会』で皆さんと交流させていただき、『規矩』という視点を頂いてから、当流の基本姿勢『静《せい》の姿勢』『動《どう》の姿勢』、腕の『水走《みずばし》り』や『圓相《えんそう》』、『手の内の張り・搾《しぼ》り』など、一挙手に至るまで意味があって伝わって来たのだという感慨を新たにいたしました。「武家に伝わった茶の湯の所作」というのは伊達では無いのだなと。

また、修行者という眼で見るなら、自分のやっているものは決して『一風変わった茶道界の孤児』ではないのだと。まあ、宗家の私がいう言葉ではないのですが……（笑）。

戸田　中村さんの示される礼法、例えば戸の開け閉めや擦《す》り足の躰《たい》転換なんか、ああいったものは拝見していると只ならぬものを感じますね。

私たちの儀礼でも、御仏を礼拝するための色々な所作が伝わっておりますがもっと精神的な処に焦点を持ってきます。ですから身体性という意味では、大いに眼をひらかされるところがありました。

先ほども一寸実演してくださったけれども、少しの身体の切り替えで襖《ふすま》の向こうの曲者を制しておられましたよね。ああいう動きもやはり身体の規矩というものが身に付いていて発揮できるものなのでしょうね。伊与久さん、躰術の専門家としてのご意見を……。

伊与久　そうですね、中村さんのお手前の動作、これは私の武術的な観点から見ても、非常に理にかなったものに映りました。例えば、先ほどの襖の開け方ですが、右手でほんの少し隙間をつくり、ひと拍子で左手を差し込み、躰軸《たいじく》を以て襖を開けます。

もしこれが柔術的解釈をするとすれば……こう……なりますね。（写真参照）

壺月遠州流禅茶道が伝える武家の礼法

壺月遠州流禅茶道に伝わる「襖の開け方」。右手を引手に掛けて少しだけ開け（写真1〜2）、開いた隙間に左手を差し入れて（写真3）、腕ではなく躰軸をもって一息に押し開ける（写真4）。

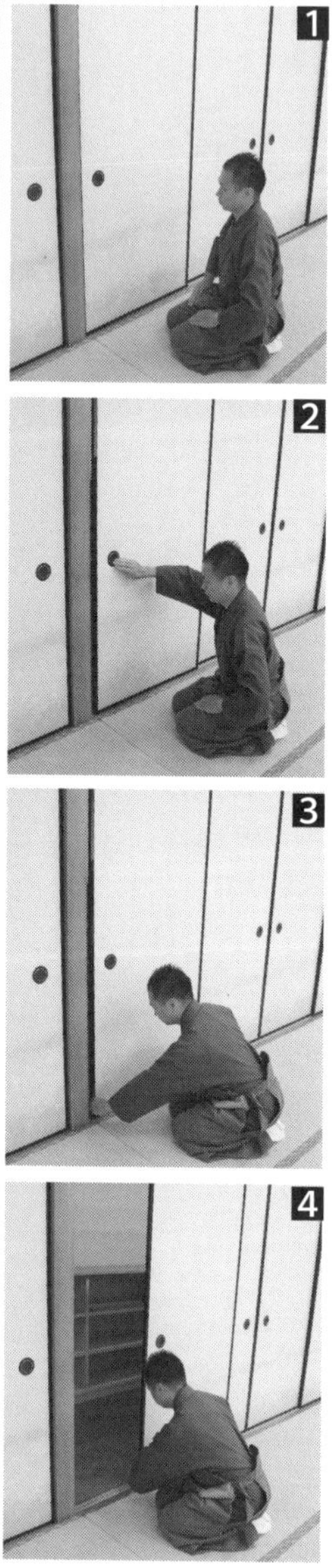

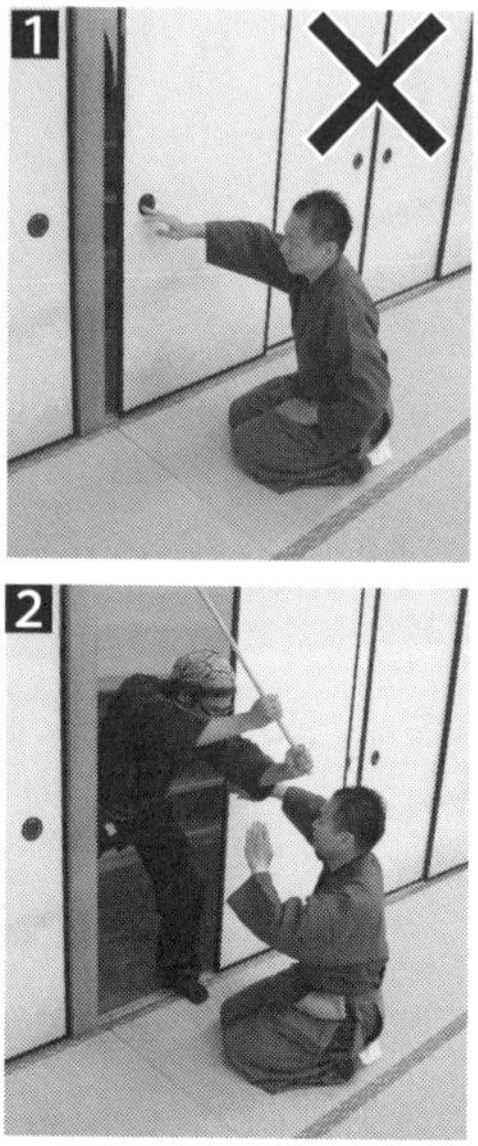

引手に掛けた腕で一気に引き開けようとすると、腰が居着き、戸裏から飛び出してきた曲者の攻撃を正面から受けることとなってしまう。

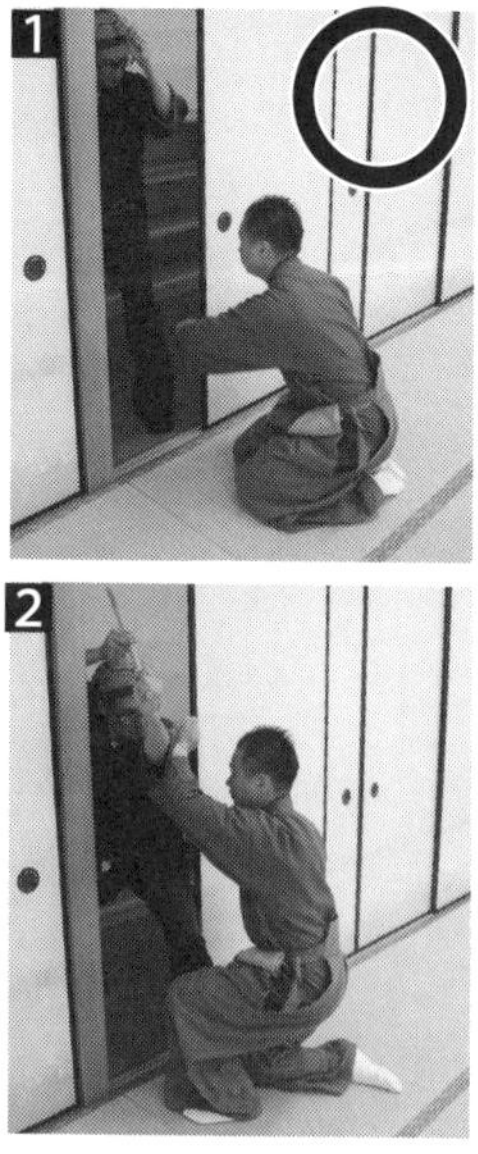

襖を躰軸をもって押し開く形であれば、腰は居着かず、対角線に置かれた前腕で曲者の起こりを制することが可能となる。

戸田　なるほど……これはよく考えられているというか……昔の武士の緊張感や覚悟が見て取れるようですね。

中村　このような説明をされると納得できる人も多いかもしれませんね。伊与久さんにもご助力を頂いて、茶道の躰術的な解析をもっと本腰入れて研究して行きたいと思っています。

伊与久　私で御迷惑でなければ幾らでも……（笑）。お話は戻りますが、私にとってもモノを稽古する中で『規矩』が自覚され、身体のまとまり感だけではなく、心の中にも一本の線が通ったようになったのは大きな収穫でした。

徒《いたずら》に感情に振り回されても、何とか帰ってくる場所ができ、勁《けい》、呼吸力、胆、眼神《がんしん》などのテクニカルワードが実生活と関係深いものになってきたような気がしまして、それ以来攻防の持つ面白さもさることながら、心身の相関性やからだ使いの法則性などに興味のウェイトが推移して、それを機縁にお茶や乗馬、仏道に至るまで、「行《ぎょう》」を仲立ちとしたご縁が広がってきているのを感じています。お陰様？で、真面目な武道家の方からはお叱りを受けるようなオンリーワンの変人になってしまっているような感もありますが……（一同笑）。

中村　私は先代である父に茶の湯を学んだのですが、皆さんを生前の父に紹介したかったなあ……今は向こう側から私を見ていてくれているのでしょうが、実際私に全伝を渡してすぐに旅立ってし

姜氏門内功武術（八卦掌）の身法

上体の「開」の動きを活かして瞬時に相手をコントロールしつつ、間を詰める八卦掌の身法（写真１～４）。相手の突きを横へ流しているが、それは腕の力ではなく、腰の回転でもない。相手の中心（軸）と自らの中心（軸）を合わせることで、真正面より入りながら、その中心からの「開く（拡がる）」動きで、相手の勢いを巧みに流してしまっている。

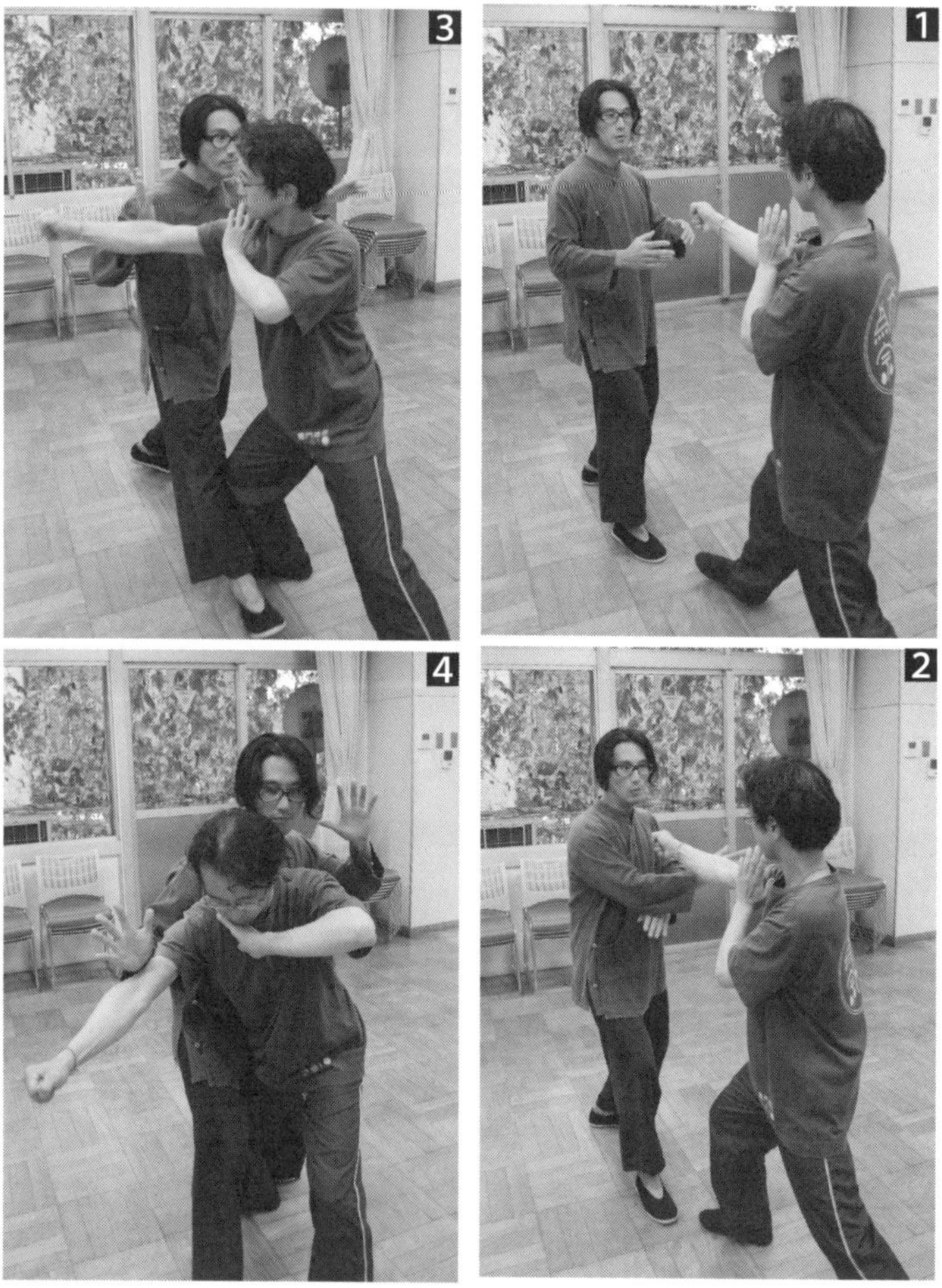

「横に引っ張っているのではない」というのは、写真1～2のように受け手の肘の位置で確認できる。肘が肩のガイドラインよりはみ出してしまうのは、腕や腰の回転で相手の突きを横へ引きだそうとしている。

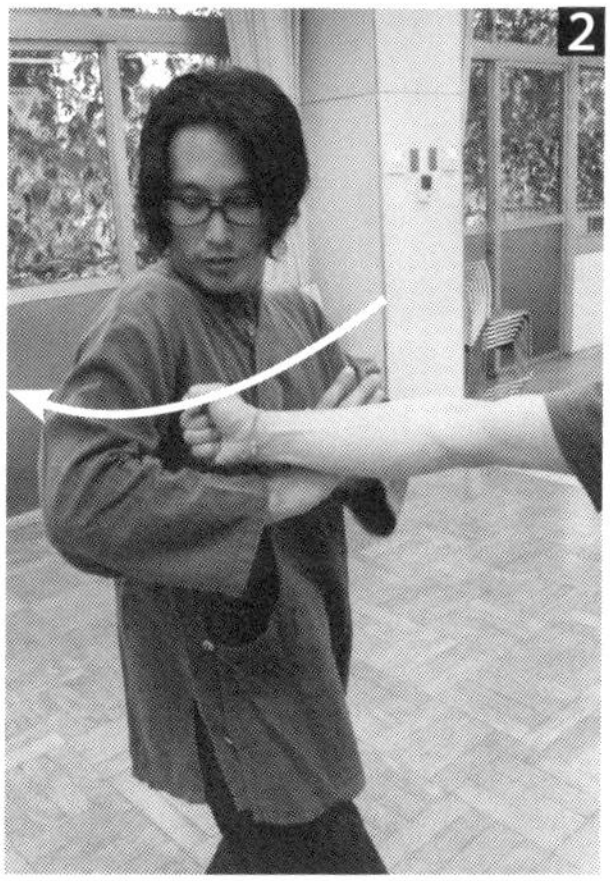

太極拳で言うところの「沈肩墜肘」のように、肩を落とし、肘が肩のラインをはみ出さないように受ける（触れる）ことで（写真1～2）、中心からの力がダイレクトに相手の突き腕へ伝わり、膨らむ球の上を滑っていくように相手の力が逸らされてしまう（写真3）。

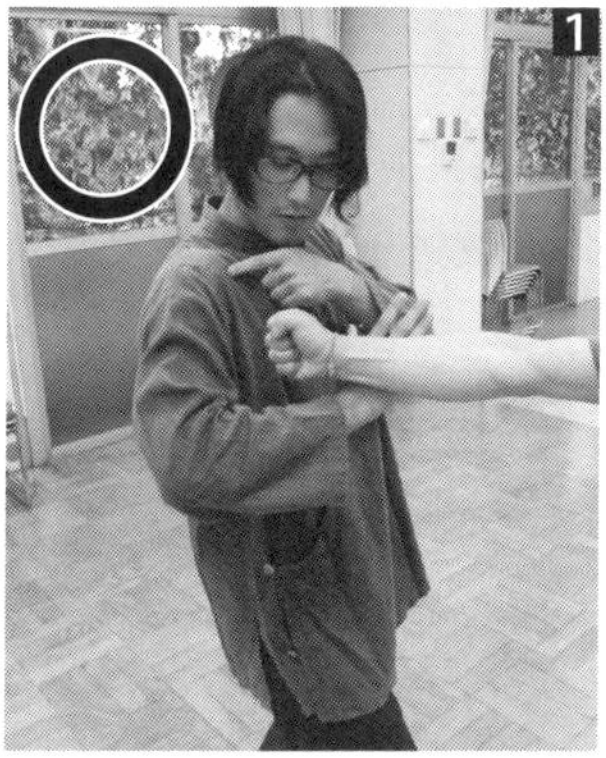

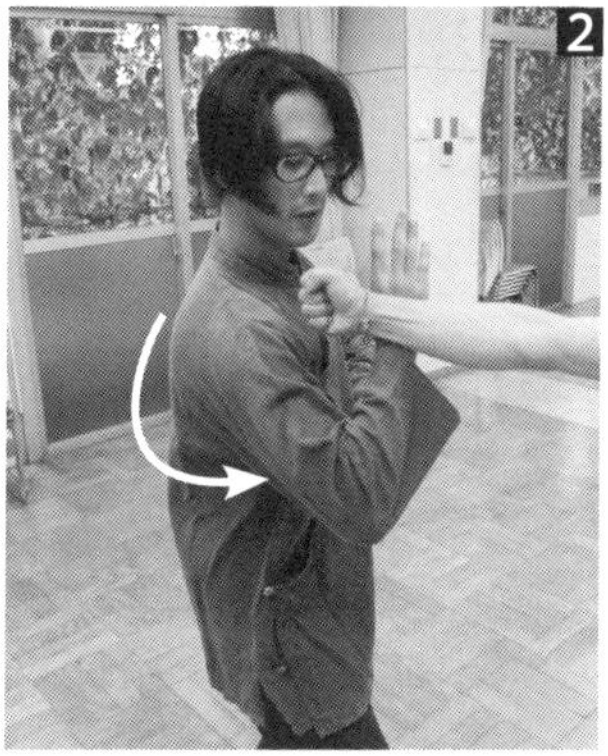

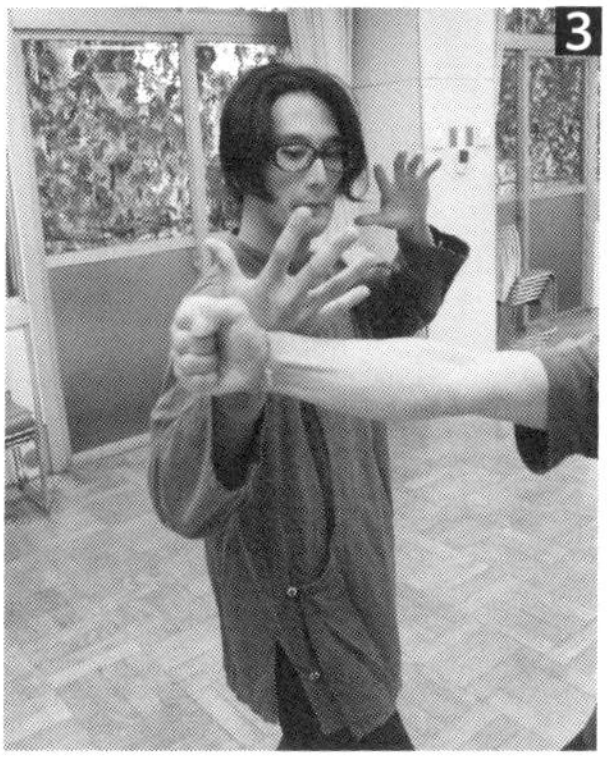

例えば、相手に手首を掴まれたところから、自らの形に嵌めて相手を動かそうとしても、力の対抗となって形も崩れてしまう（写真1～2）。

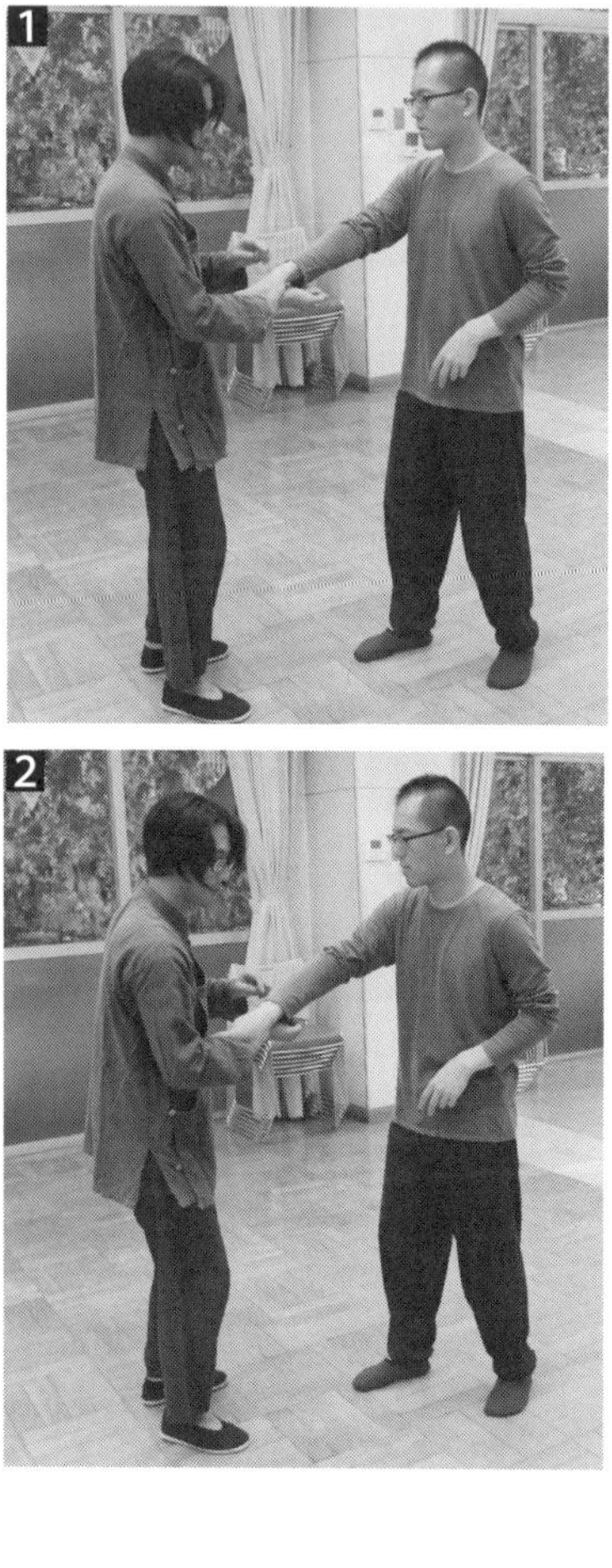

相手とのつながりの中で、相手が反応する力の流れに相乗するかのように自らの力を加え、自らの全身はもちろん、相手の身体をも含めた「全体」を、培った自然な動きに乗せていく。この時の、いわば“道筋”を作るのが四言歌「八卦掌要訣」にある「滾鑽争裹」。これも一般的には、腕の様々な用法〔滾（ころがす）、鑽（つらぬく）、争（はらう）、裹（つつむ）〕と解説されることが多いが、伊与久師によれば「滾鑽争裹」は全体で一つの“状態”をあらわすものであり、その理合に沿って身体が変化できる、訓練された身法を体現するものであるという。

まいましたので、仏法や躰術との共通性というものには多く質問する時間がなかったのが悔やまれます。

父は不世出という言葉がふさわしい人でした。お茶だけではなく水墨画や書、華道はやはり一つの風格を確立していました。そして武については糸洲流《いとすりゅう》空手道を名乗った坂上隆祥《さかがみりゅうしょう》先生について長年研鑽を続けており、刀術には特に精妙なものがありました。

自宅の一室をお寺として設えて、宗派に囚われない仏教の在り方を模索しながら有縁の方の相談にも乗ったりと、世俗に居ながら僧としての自覚を持った、一風変わった人でした。

そういった父だけに、不思議な世界に通じた色々な話が思い出されます。最晩年は、まるで太極拳のような、相撲の四跨《しこ》（四股）のような武道体操を考案して、心身を調える行法として縁のある方に伝えていましたので、オンリーワン、といった意味では今回の対談はむしろ先代のほうが適任だった様な気がします。変人じゃないですよ（笑）。でも、皆さんのお話を伺って、つくづく伝統の懐の深さのようなものを感じますね。

4　行者はコトを成す

伊与久　いやいや、僕も中村さんからご先代のことを伺うに付け、何か他人には思えないなあ、と（笑）。まあ、失礼な冗談はさておいて、前々から思っていたことで、これは戸田先生のお話を伺って、確信を強く持つことができた訳なのですが、先ほどの意拳開祖、王老師もまた『梯子《はしご》を外してしまった名人』だったわけではないのですね。型を否定した……のではなく、型の究極的な抽象化に成功した……といっても良いのかもしれません。

受ける側と、授ける側に同様の文化背景や共通の理解が存在する場合、つまり「出会いの質」に因《よ》って、いろいろの手順・説明を端折《はしょ》ることがありますよね。これは以心伝心《いしんでんしん》ということだと思います。

私の師父は姜容樵師爺《しや》の引き合わせで、王老師の初期の大弟子中〝その人あり〟と言われた張長信老師に、「六合八法《ろくごうはっぽう》」という内功武術を授けられています（王老師の認めた数少ない武術家で盟友の呉翼翬《ごよくき》老師が中興された古伝内家拳）。当時すでに意拳名手として盛名だった張老師は、王老師の肝《きも》いりでこの門に投下し学びました。

もし王老師が所謂「型」稽古を主体とする武術を頭ごなしに全否定している立場であったなら、自分の愛弟子数名をわざわざ古典中の古典とも言える六合八法の門に学ばせる必然性などあったでしょうか？

南京・中央国術館にて。前列向かって左端に姜容樵老師、その隣に心意六合八法拳を世に知らしめた呉翼翬老師（1950年代）。

　私も鄒師父の引導で、張老師のご子息で全伝を継承された張小元老師にこの拳を学ぶ幸運を得ましたが、姜容樵老師の伝えた形意拳、八卦掌、秘宗拳《ひそうけん》といった内功武術と、腕の高低、順逆の捻り、股関節の使い方、体重移動、目線、手のひらの要訣などなど、共通性のほうが目立ってしまい、規矩という観点から見ても、何ら他門派のような気がしませんでした。

　そこで思ったのは、王老師が主唱した站樁という訓練法も、私たちが宝とする套路（型）主体の方法も、高い融通性に心身を研ぎ澄まさせるため必要な心身の『規矩』を磨き出すためのツールという観点からすれば、当事者的には、あまり激しいこだわりはもたなかったのではないでしょうか。

まるで舞いのごとく、自由に動いているかようで、厳格な規矩に貫かれた八卦掌の演武。

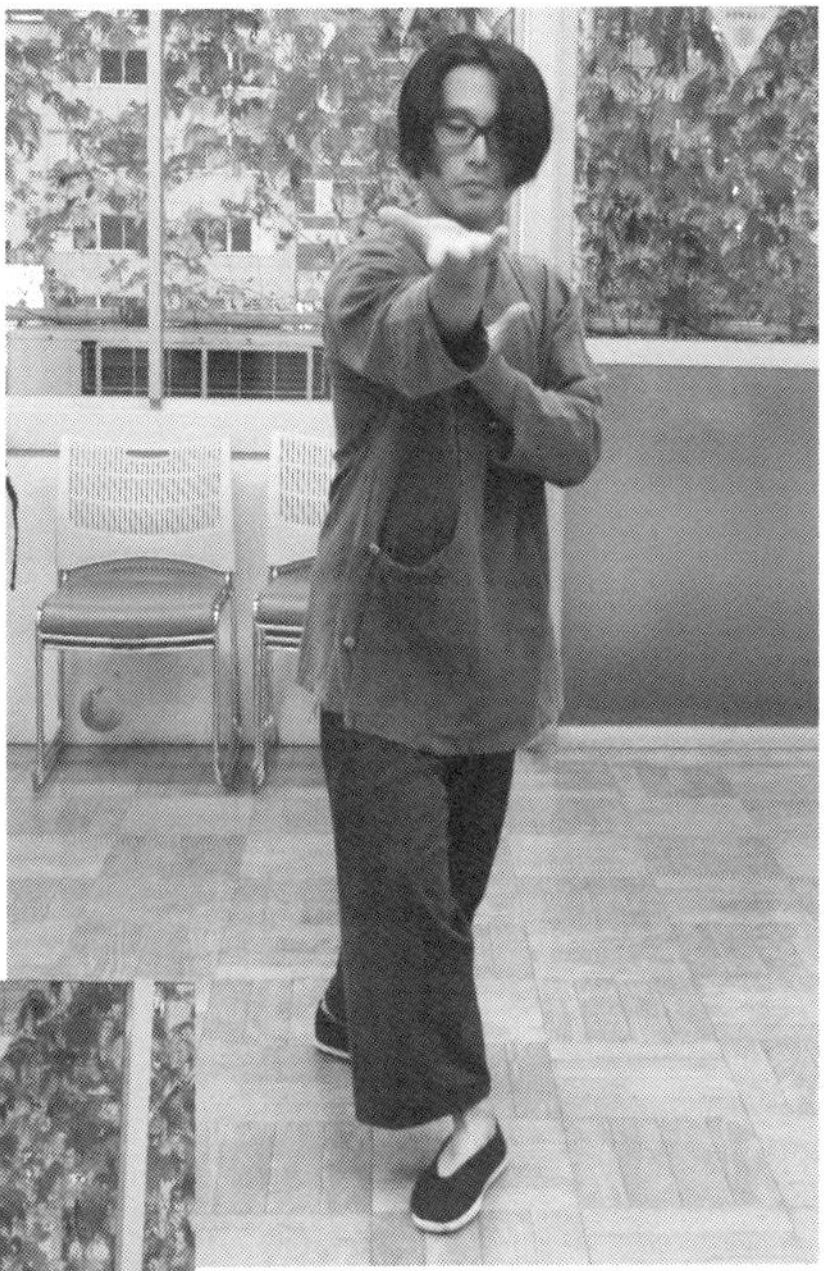

戸田　『型』か『無形』か、という極端な二者択一というのも、伝聞や文書を研究した人の学問的発想のように聞こえるがなあ。

開祖っていうのは往々にしてその時代の〝行者《ぎょうじゃ》〟なんだよね。行者というのはモノを残そうというより、コトの世界のほうが大事なんだよ。だから誤解をされやすいし、その残した遺文なんかを見て、後の世の人は色々想像するものだ。行者っていうのはね、日蓮聖人なんか最たるものなのだけれど、自分で行い、その背中を人に見せて歩いているわけですよ。

だから誰かが言ったハナシを基準にしてするんでなく、自分で実体験した感覚が基準。行者のものを伝承するのならこの無形のものをこそ、受け伝えて行かなくてはならないのですね。さっき伊与久さんが仰っていた規矩とか、僕らだったら御本尊と自分だけのやり取りの中で出てきた真実に、命が掛っている。

原理主義は他人が言ったことに命をかけるんだけど、それは行者の発想では無いんだね。ライフヒストリーがみんな違うのに、特効薬のようなモノがあったとして、それを通過すればみんな一様に安心を得る……そんな単純なわけないんですよね。安心を得る主体はあくまで自分個人なのだから。

伊与久　ひらたく言うなら「いろいろやってもたかが型だよ。無形こそ究極の型なんだよ」と仰る中で、気心の知れて、それを示す必要のある人には「たかが型、というけど、されど形っていうことだってあるんだぞ、良い経験をして来い！」って笑って送り出したようなこともあったんじゃないかなあ、と想像してしまうんです。

ただこれって「師匠あんなこと言って、やっぱり型は必要なんだ！」と誤解をされる可能性も高い、微妙な話でしょう。だから結局は縁、行う人同士が、それぞれの立場で文化という織物を紡いでゆくのですね。

往年の武術界の巨匠たちは、仏法で言うところの「対機説法」のできる大らかさというか、芯を捉え、それを以て導いて行こうという懐の深さと強さを、至って自然に示されていたのではないでしょうか。自分自身が文化の担い手であるという自覚が、融通無碍なる豊かな綾《あや》模様を織りなし得たのだと思うのです。

戸田　そうそう、だから本当にこの人に伝えようという時には教える側というのは、画一的、大衆的では無理がある。その人その人のストーリーっていうものがあって、それを踏まえたうえで技法、モノ、コトの起因を見て行くわけだ。経典をその拠《よ》り所《どころ》とする学問的宗教と、修行体験を重んずる行者の世界は、そこが決定的に違う。

大体、大成する奴ってのは結構変わったのが多いから、こういう丁寧なプロセスを経《へ》ないイモ洗い的、悪い意味で「和を以て貴し」とするような根性の中では、光る個性を持った芽も摘まれてしまうかもしれないよ。そういう意味で、少子化というのも、一概にいけないばかりでは無いんだと思うよ。

伊与久　皆さんのお話を伺っていて、生きる力が湧いてきました！　珍獣と言われても磨くことを怠らなければ、何時かはコトを起こせる何かが出てくるということでしょうか（笑）。

5　伝承と個性

伊与久　さて、そのように時代時代の大成者というのは大変個性的で、彼らの残した言行というモノに後の世の我々は右往左往しがちな訳です。

そこで〝伝統における個性〟ということですが、これは本当に大事な意味が隠されていると思いますので、ここもちょっと掘り下げて行きたいと思います。

戸田　「個性」というと型《かた》を行《ぎょう》ずるという至極限定的な世界とは、一見、対極的な響きを感じますよね。しかし、大変な荒行を誠心誠意、行満したお上人《しょうにん》なんかはこれは大変に個性的な、自由な雰囲気を感じるものですね。こういった問題も、先の『規矩』の働きと考え併《あわ》せてみると面白いよね。

伊与久　そうですね……例えば、先ほど出ました姜容樵《きょうようしょう》師爺《しや》は、王（王薌斎《おうこうさい》）老師のされた事績を賛美こそしましたが、否定は致しませんでした。

しかし、自分の歩んだ道はというと、それこそ徹底して旧来の武術の伝承＝型を中心とした稽古法を守っておりました。

中村　本来在ったモノを踏襲されたということですね。

伊与久　そうですね、今では中国でも忘れられてしまいがちですが、師爺は、中央国術館という国民政府の武術最高学府では、教科やテキストなどを編纂《へんさん》する編串所の所長を歴任しておりまして、南京陥落後、上海に移住した後は尚武進徳会を結成し、私財を投じて数多くの出版を成されました。

これは伝統的な武術界にあっては、もう一つの革命でもありました。その著作の中で師爺は所謂「門戸の見」を諫《いさ》め、迷信的武術を排撃しました。

本来、門外不出の内功理論や口伝、独習可能と言われるほどに精緻な写真入り図解などを刊行物にまとめ、時に公開セミナーなども行って本当の伝統に触れる機会を提供しました。

旧弊を憎み、非常に現代的な感性でその普及に一生を捧げました……保守本流が満を持して行った改革、とでもいいましょうか……。

その生き方は国術（武術）復興が民衆の知力体力を増進させ、ひいては国力をも健全に発揚させることができるという信念で貫徹されており、周りで接している者からも鬼気迫るものがあったといいます。自己保身的な保守では、中々出来るものではありません。地味なのですが、あの人しかできない仕事をきっちりとやった一種の偉人だと秘かに誇っています。

戸田 自分をオンリーワンと捉えていたからこそ出てくる行動力だね。他人任せにできないというか。それも立派な伝承者の道なんだと思うよ。……思えば僕の親父は、遠壽院《おんじゅいん》の四〇〇年の歴史の中で唯一、実の息子に相伝した伝承者だったんだけど、それには訳があるんだよね。

今、日蓮宗が宗派の制度上運営している荒行堂というのは、昭和の初期、遠壽院に伝わる行法、祈祷相伝の流れを自分たちの思惑で取り仕切りたい、という動きが根底にあり、言わば本来の伝承をきわめて恣意的《しいてき》に利用した一群が中心になって、遠壽院流祈祷相伝の儀軌を研究したりして出来上がったという経緯があります。

伊与久 そ、そうなんですか？ どおりで、毎年十一月初めの同日に同じ中山の境内のあっちとこっちで、同様な入行会が二つ開催されるのを不思議に思っていました。

戸田 勿論、そこで修行をした方々は毎年百人、二百人もいるわけだし、極限で体験した自分の実感というものは、それこそオンリーワンなんだから貴い経験です。

しかし、明治の神仏分離、廃仏毀釈《はいぶつきしゃく》の流れの中で法灯を繋いでこれた、法華祈祷行者を養成する伝承というのは、遠壽院流だけとなってしまったのも、国内外の権威ある学界でも公認されている

遠壽院流祈祷妙法「木剣相承」（一部）

遠壽院において代々相承される祈祷修法の相伝加行が「大荒行」。大寒の頃、百日間にわたって行われる行の第三段が「木剣相承」であり、切り火を施したのち、木剣（下写真左端）と独特の束ね方をされた数珠（中央）を打ち鳴らしながら、空間へ「妙」の字を画きつつ九字を切る。写真の木剣は先々代の筆によるものであり、通常、木剣相承は年明けとともに始められ、全魂を打ち込むことで木剣への信念を不動のものとする。

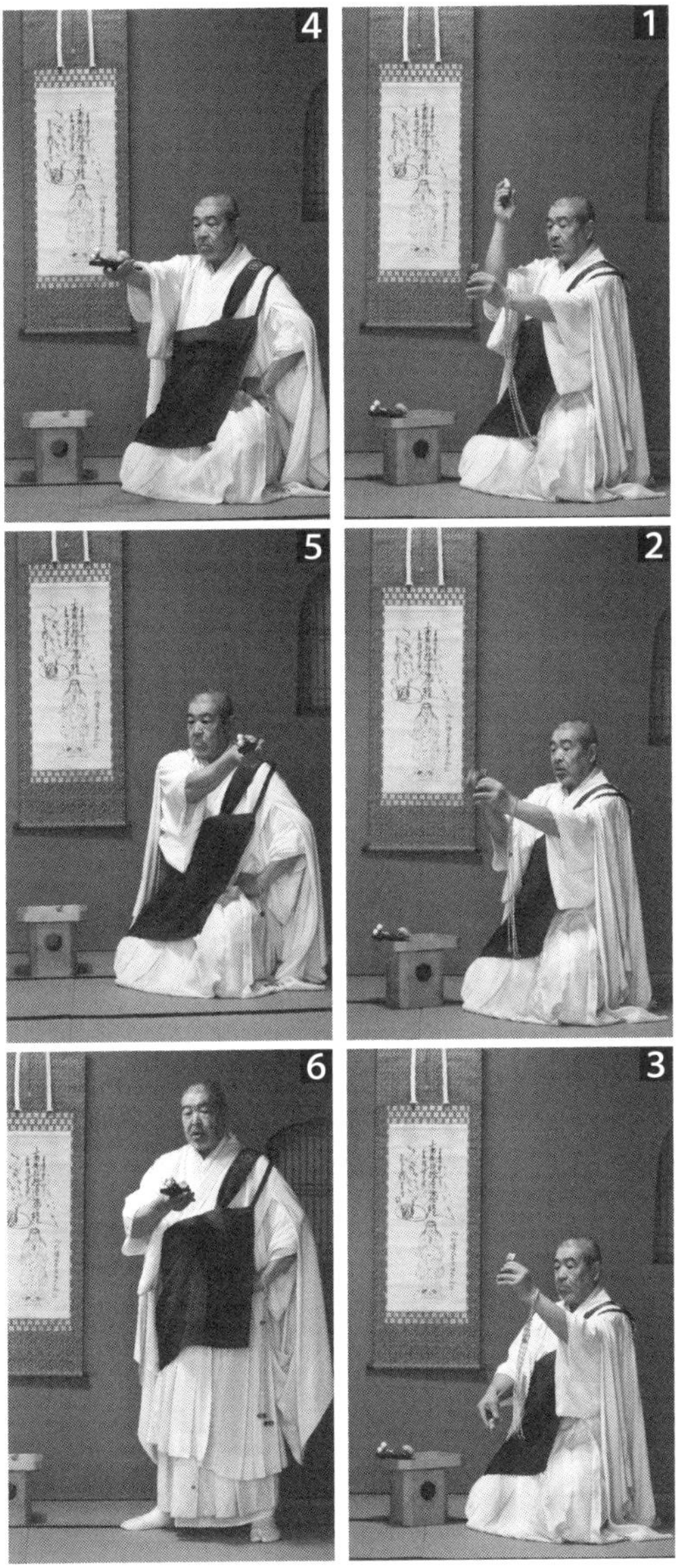

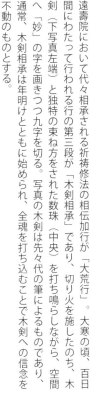

荒行の総仕上げともいえる「大祈祷会」において水行をおこなう戸田住職。

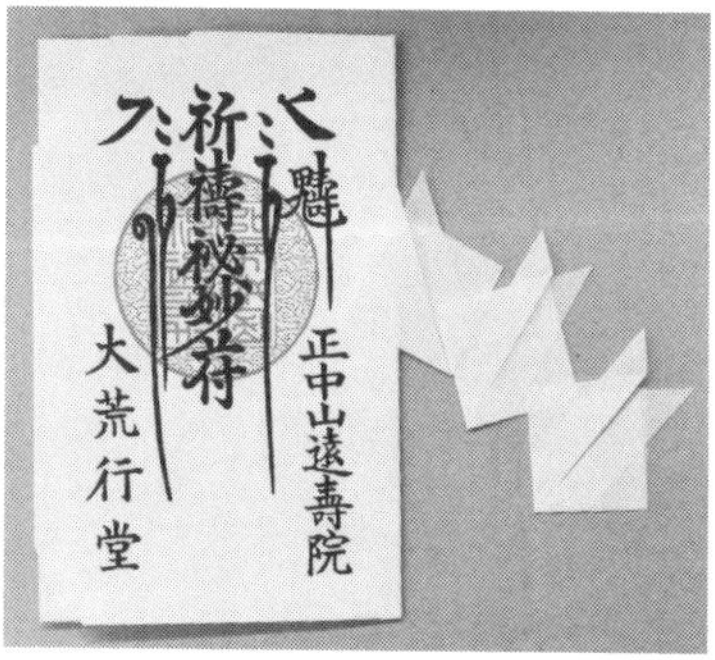

遠壽院流祈祷を修めた荒行僧によってのみ、精製可能となる遠壽院「祈祷秘妙符」。護符というと御札のイメージだが、遠壽院の護符は写真の畳紙の中に、兜の形に織られた紙に包まれた粒（一粒護符）が入っている。これを作法通りに飲み下すことによって、祈願成就となる。

明治期、廃仏毀釈で仏教寺院の加持祈祷の類が規制されようとした時、当時の遠壽院住職、第二十五世観照院日光上人が時の千葉県令ほか役人の前で毒を飲み、直後に遠壽院の護符を飲んだところ、まったく身心に異常が現れなかったため、以後、遠壽院の祈祷、護符は一切規制しないこととなったという逸話がある。

事実です。

戦後、身延《みのぶ》や中山の宗派運営の行堂が起こった時、遠壽院は行法の確立者である日久上人伝来の相伝書等一切を提出せよ、という要求を突っぱねました。

それはそうです。伝承者と言われる存在は、先代が〃この人なら次に伝えてくれる〃と思って伝承を渡す、先ほど言った有形無形の舞台装置から、行法秘伝、人間関係一切を受け継がせるのには、実際精神性を中心とした師弟同士の関係性の中にしか生まれ得ません。

まあ、多言は控えますが、とにかく私の師父やその師匠は、必死になってそれを守って来たのです。ですから今も遠壽院の荒行は、日蓮宗の公認ではありません。宗の資格は飽くまでも公認の加行所（荒行堂）を満行しなくてはなりません。

だから私たちの堂に入行を決意する者は公認のところと比べると十分の一にも満たない少人数です。ですが、彼らの中にこそ本当の個性に通ずる、健全なるプライドを見ることができると感じています。

6　健全なるプライド

中村　……いい言葉ですね。私も一風変わった茶を点《た》てるので、往々にして批判の対象になることもあるのですが、伝えられたものを自信を持ってご披露して行くこと自体、自分を磨いてゆく大切な行なのだということなのかもしれません。

戸田　芸道には、守《しゅ》、破《は》、離《り》という言葉がありますね。

実際は言葉通りに奇麗に分かれるものではないのだけれど、でも伝承を頂く時は、先ずはいう通りにしなければならない。判るも判らないも一先《ひとま》ず横において、師のやった通りになぞってみることから始まる。昔は手習いなんて良い言葉がありましたが、字だっていきなり崩しちゃ駄目ですよね。永字八法からきちんと入って、次第に毛筆を使う大要を了解する。

言わばここは、人間がその尊厳を持ったまま、コピー機に成りきれるか、という問いかけがある。

伊与久　そうですね、最初はコピーしているだけなんですが、内面が師匠と全く違うので、なかなか似てこない。そこに気が付くか否かが、成否の分かれ道だと思う。

私も自分では師と全く同じ動作をやっているつもりになっていたのに「全くなっていない」と全

否定されたことは山のようにあります。

一度などは逆ギレしてしまって「教え方に問題がある！」と(笑)。

そのあと身をもって納得させられるわけですが、今思えば冷や汗ものです（一同笑)。

戸田　ここでの要点は、〝謙虚である〟ということです。そして師とその伝えてきた伝統の存在に、信頼とリスペクトがあれば理想的です。逆ギレはちょっとなあ……（一同大笑)。

中村　ここで先ほど仰られた「健全なるプライド」が必要になるということですね。何時もぎゅうぎゅうとやり込められる、この錬磨の場に居るのは、飽くまでも自分が選択したのだから〝むしろ本意だ〟というくらいに思うことが肝要ですね。

戸田　その通り。健全な自尊心は「春の風」のようなものです。有るのか無いのかは一目でわかるものです。

資格を取得するような気持で、伝承を狙ってくる輩《やから》には、この「行を味わい楽しむ」という余裕が生まれ得ません。息を止めて一〇〇日間我慢をすれば良い、などと考えている者は「当院では責任を持ってお預かり出来ません」と、面接で帰ってもらっています。何せ命が掛かった行なのです。

7 “揺らぎ”と、どう対峙するか

伊与久　本当に襟を正されるようなお言葉です。コトを産みなす為のモノ三昧になるという訳ですね。

中村　私は色々な皆さんとお茶を通じてご縁を頂きながら、自分では父の影を追いかけているような、そんな気がします。

先代はなぜああいう柄杓使いをしたのだろう？　擦り足の仕方がこんなに独特なのはなぜだろう？

最近は皆さんと交流する中で、気付かされたり教えられたりすることも多く、お手前の中で亡き父と会話をしているみたいに感じています。これは、コピーと言えばコピーなのですが、私にとってはもう只《ただ》のコピーではない。

一服のお茶の中で、父と私の生きざまが交錯し、息づいていると感ずるわけです。

伊与久　面白いことに、私の上海の師父は「伝統とは、再創造でもある」とも言っています。

時に大きく逸脱し、万巻の書を紐解《ひもと》き、万里の道をも厭《いと》わない冒険心も大いに必要で、蓋を開けたら師と同じことをやっていた、そういった遠回りをしても、本物に行きつくことが大事なのだ、と。

はじめて聞いたときは、ずいぶん大胆なことをいう人だなあと思いました。しかし、思えば師父もそのように学ばれた訳ですし、この〝模索〟という揺らぎなしに、芯を捕らえることは叶わないのだと思っています。

しかし、基礎のところで、複写が完了しない内から冒険をしてしまうのは「二兎を追う者一兎も得ず」の言葉通り、ベースになる体験をある一定まで蓄積させることができないのでお勧めしていません。「俺って特別」とか「私ならできると思う」とお考えの、自信と才能に溢れた方があまり大成しないというのもこの段階の過ごし方が関係しているのではないでしょうか。

戸田　ここで認可、切紙《きりがみ》という問題がでてきます。

師が弟子の中に、確かにコピーだけの時期は終わった。型を「守」る、ということに関しては認めてやる。これからは自分の人生を行にして、コピーに生命を吹き込む段階だぞ、という意味。

そういう意味で見れば、伊与久さんが上海の宗家から祖師の銅像を受け継いだり、中村さんが「六字庵」を就名されたりということは〝師資《しし》相承《そうじょう》〟ということになるのでしょう。しかし、ここからが本当のご修行の始まり、ということもできるのですね。お互いに稽古、稽古で切磋してまいりましょう。

中村　仰る通りだと思います。私は立場上、人様に免状を与えることができる宗家という立場に居ますが、〝生涯一修行者である〟というのが宗家の見せる後ろ姿なのだと、お話を伺う中で思いました。

今の世の中、本当に色々です。そんな中で興味を持って私のお茶を味わって下さる人がいる、学ぼうと付いて来て下さる方がいる。

そんな人との出会い一つひとつが私のお茶に、学んだお手前《てまえ》にプラスアルファの無形の何か、気韻のようなものを与えて呉れているような気がします。

伊与久　先代様も宗匠がそこまでのご自覚を持って精進してくれると見越して、代を継がせたのでしょうね。

私の柔術の恩師が「善き師は弟子の行く末まで見通せる眼力を持つ」と仰ったのを思い出しました。

8　コピーとオリジナル

戸田　でも話は戻っちゃうんだけどね、いまのコピー機って凄いもんでね、もう全く見分けがつかないくらい本物そっくりに複写することができる。そのうえコピーというものは無限に増殖することができる。〝じゃあ、コピーで良いじゃん〟っていう意見も判らないでもない……。

精巧なコピーが氾濫し、それで何が困るということもない現代社会。しかし、伝えられる「本物」によってこそ、それを伝えられた人にとって、唯一無二となる「オンリーワン」へと至る道が拓かれるのではないか？
" 伝承者 " とは、それを信じられる者だけに許される、「特権」を手に入れた者たちなのかもしれない。

でもよく考えてみると、コピーはオンリーワンの原典が存在するという条件でのみ、保証される存在なわけで、生命の源泉は原典が担っているんだよね。逆に原典はコピーが必要なのか、と言えばまあ、そんなことは無いよね。

そして、原典、原典と言っても、継承者にしてみれば、それはどんなに貴重であっても飽くまでも〝媒体〟。今日の流れに乗っていえばコトを興すためのモノサネというわけだから、実際はやっぱり人、人の個性の中にこそ業は結実するものなのです。

そして継承者は往々にして本当の意味で個性的な人が多いから……コピーを有難がる連中からすれば大いに煙《けむ》たいのだろう、無視したい気持ちも理解できる。さっきも言ったけど、おい「和をもって貴し」としろよ！ってね？（笑）

伊与久　遠壽院は反骨の寺だという意味がよく理解できました（笑）。

無個性のコピーが原典を排除するようになったら、それは文化の自死だと思います。武術躰術《たいじゅつ》においても、守の段階でその要求を守れずに、安易に似て非なる流儀において資格をとり、規矩の無い身でありながら政治的にイニシアティブを獲ってしまうシタタカ者が沢山おります。

戸田　ハイブリッドでなくてローブリッドだね、これでは（笑）。

伊与久　ブリッドでも現実に即応できる素晴らしいものもありますよ。でもまあ、守の部分で我慢ができず、規矩を練り出しきれない場合、技術は場当《ばあ》たり的なものになりがちです。

そして、そういう方に限って個人で静かに立っているというよりは、政治的手腕でいうことを聞かせる。――これは〝非戦〟という考え方から見れば優れた手法かも知れませんが、不思議なことにこういった集団のほうが往々にして好戦的だったりするものです。

実際、躰術というものは個人の個性を否定しない。守の段階を健全に歩むということは、いわば禊《みそ》ぎを繰り返していることと変わりありません。気の通らない状態から、規矩に則った規律ある活き活きとした運動形態へと変容するのですから、水で行う禊ぎの行にも一脈通じるテーマを感じます。

そういった問いかけを行う中で、自分の中心軸のありようや、丹田の位置、背骨のクセなどの自身の個性も判ってきます。身体が意識に歩み寄るのと同時に、意識も身体に近くなってくる感覚があります。

只のわがまま勝手な世間への反応から、自分の構造も認識した上での高度な対応の様式ができて参ります。これが本当の風格とか、個性といったものなのではないかと判ってきました。

中村　伺っていて、今、世界が個性化と集団化（没個性化）の２極に分かれてきているような印象を持ちました。

たしか昔、理科の生物の時間に、トノサマバッタが集団化すると形状も変化し凶暴化する。そして食料を求めて大移動し、あまつさえ共食いすらしてしまう、というのを思い出しました。

私も少し前まで会社員だったのですが、社会で浮かぬよう、目立たないように一歩引いて生きてゆく知恵というのは随分仕入れざるを得なかった様な気がします。芸の道では必要の無い、というよりマイナスになる身の竦《すく》んだ在り方を長年続けて参りますと、何か沸々《ふつふつ》と怒りのような、悲しみのような感情が湧きだしてくるのを感じたことがあります。

このままではいけない、そう思い、この道に専念したのです。お陰さまで、心身だけでなく財布まで軽くなってしまいましたが……（笑）。

戸田　〝自分には何もない〟と、規定した時点で個人の尊厳を捨てて、人は簡単に集団化するものです。そうすれば責任は個人に帰することもなく、好きなことを言って暮らせるものです。しかし、それでは「幼い」。現代では、日本のあらゆる組織の構成員の大多数が「大人こども」だから、子供の学級会のような論理で社会が運営されてしまう。

成熟した大人というものは、責任は自分で取る。そして、〝一人で立っている〟ものなのです。釈尊《しゃくそん》の教えというのも、実はこういった事柄と離れて存在しているわけではない。むしろ本当にあなたが個性化した時は、あなたの価値は計り知れないほどに素晴らしく輝くのですよ、そして、現実に「利《き》く」者となるのですよ、ということを雄弁に語っているのだと思います。

いわゆる「修行道」というものの中には、〝子供を自覚ある大人〟、一人の人間として確立させる教育的側面を認めざるを得ません。多くの「大人こども」たちが、自他未分の甘い境遇に早く飽《あ》きて、健全な個性化の道を歩んで頂きたいと思っております。

中村　それには、先ず自分が面白い存在になってゆくことが肝要なのではないかと思うのです。「この人のやってるものって、面白いな」「説得力があるなあ」と思わせるだけのグレードが備わってくれば、ピュアな感覚を持ったこれからの時代を担う子供たちや、子供心を忘れない大人たちはきっと向こうから「なにしてるの？」と聞いて来るのではないでしょうか。怠らず胸を張って稽古を続けてゆきたいと思っております。

伊与久　今回は一言「型」から始まって、夫々《それぞれ》、仏道、茶道、武道の修業経験から未来の展望まで、含蓄と示唆に満ちたお言葉を頂くことができました。

コト、モノ、型、行者、規矩、個性化……こういったコトバを仲立ちとして伝統文化のあるべきように、ほんの少し目を向けることができたのではないかと思っております。

一見難解で、不自由極まりない「型」には、実は先人の知恵と、後代に向かって「善《よ》かれ」と願う想いが込められているのだということを確認できたこと。また「利く」面白きモノになるという決意を新たにすることができたことは、私にとっても大きな収穫でした。
先生方、この度は長時間にわたり本当にありがとうございました。

秘伝BOOKS
“型”の深意 戦わずに強くなれる武道の深い秘密

2023年6月10日　初版第1刷発行

編　　集　『月刊秘伝』編集部
発 行 者　東口 敏郎
発 行 所　株式会社ＢＡＢジャパン
〒151-0073 東京都渋谷区笹塚1-30-11 ４・５F
TEL　03-3469-0135　　FAX　03-3469-0162
URL　http://www.bab.co.jp/
E-mail　shop@bab.co.jp
郵便振替 00140-7-116767
印刷・製本　中央精版印刷株式会社

ISBN978-4-8142-0550-9　C2075

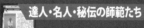

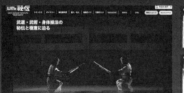

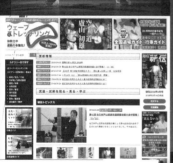